Q&A
どれ 労働法違反です！

梅本達司 著

え？

東京堂出版

はじめに

　「あなたには、請負契約で働いてもらいます。委任契約の外務員として働いてもらいます。ですから、うちの従業員ではないので、残業代などの支払はありませんし、年次有給休暇なども認めていません。業績が悪化した時には、やめてもらいます。」という請負や委任の契約形式をとって、会社に都合がいい存在とされることがあります。

　また、「あなたは、パートタイマー・アルバイトだから、年次有給休暇はありませんよ。産前産後休業・育児休業もありませんよ。残業しても割増賃金はなしですよ。公的保険の加入もなしですよ。契約更新するかは会社側の自由ですし、解雇も自由ですよ。」などの扱いをしている会社もあります。
　また、「課長職以上は、残業代・休日労働手当・深夜労働手当はなしですよ。」などの処遇をしているところもあります。
　これらのことを行っている会社が、日本全国に多数あるからといって、これらの扱いが適法な行為となるわけではありません。駐車違反をしている車が多数あるからといって、駐車違反が適法なものとならないのと同じです。

　形式上、請負契約や委任契約のかたちをとっている場合でも、実質上、従業員として扱われているときは、労働基準法をはじめとする労働法の「労働者」に該当し、労働法がちゃんと適用されます。したがって、時間外労働の残業代を払わないとか、年次有給休暇を与えないといった扱いは違法行為となりますし、一方的に会社側の意思で契約を打ち切るのは、解雇にあたります。正当な理由がなく、単に会社側の都合だけで契約の解除が行われているのであれば、無効になります。

　また、正規従業員、契約社員、嘱託、臨時社員、派遣労働者、パートタイ

はじめに

マー、アルバイト等、どのような雇用形態であろうが、課長職以上の役職者であろうが、会社の指揮監督下で労働し、賃金が支払われる者であれば、みな「労働者」に該当します。

そして、労働法は、基本的に、みな同じように適用されるのです。

したがって、パートタイマーやアルバイトだからといって、年次有給休暇を与えないとか、産前産後休業・育児休業を認めないとか、店長職・課長職だから時間外労働等の割増賃金を支払わないといったことを行えば、やはり労働法違反となるのです。

現在の日本の雇用社会では、労働法の規制を免れるため偽装請負が行われたり、あるいは、雇用形態の違いや、役職についていることを理由に、労働法に違反する行為が相当数行われています。

また、正規従業員に対しても、「年俸制だから残業代や休日労働手当を払わない。」、「フレックスタイム制なので、残業代を払わない。」「業績不振を理由に退職金を減額する。」などの違法行為や労働者の権利を無視した行為が日本全国で行われています。

労働基準法などで規制している労働条件は、労働者が人間らしい生活をおくるための最低限のものと位置づけられているにもかかわらずです。

では、なぜこのような違法行為が日本全国で堂々と多数の会社で行われているのか。

その理由の一つをいえば、「労働者」一人一人が、自分自身の労働法上の権利を知らず、会社の義務を知らないからだと思います。

自身の権利を主張し、実現できるのであれば、その権利を知っておこうと思

うものですが、日本の終身雇用という雇用慣行などにより、労働者は会社に対して自分たちの権利を主張し、実現させるということをあまり行ってこなかったわけです。

そのため、自身の権利についてあまり興味を持ってこなかったことが原因の一つかと思います。

更にいえば、労働法などは学校教育でも行われていないですし、社会にでても学習する機会がほとんどありません。こういった事情もあり、多くの労働者が、自身の権利を知らず、不当な扱いを受ける現在に至っているわけです。

しかし、終身雇用は崩れており、労働者は自己防衛をする時代に完全に入っています。会社に任せておけば安心だという時代ではなくなっているように感じます。また、会社もコンプライアンスを意識し、労働者の本来の権利を尊重する意志を強く持ち始めてもいます。

本書は、正社員のみを対象にしているわけではありません。
「労働者」を対象として、「労働者」の権利と会社の義務を明らかにしていくものです。

かたちだけ請負契約や委任契約にされている人も、パートタイマー、アルバイト等の雇用形態で働いている人も、役職者も、みな「労働者」です。

本書を読まれる方には、労働法の「労働者」に該当することを自覚していただき、労働法上、様々な権利を有し、かつ、保護されていることを知ってもらいたいのです。

そして5年後、10年後の雇用環境が少しでも良くなれば幸いです。

2008年8月

梅本達司

もくじ

はじめに……………………………………………………………………… 1

第1章 ＜賃金＞でよくある違法行為

低額な賃金は違法……………………………………………………………12
正社員並のパートタイマーに、正社員と同様の待遇をしないのは違法………15
女性パートのみ皆勤手当を支給するのは違法………………………………17
5分の遅刻で30分の賃金カットは違法 ……………………………………18
弁償金を賃金から控除するのは違法…………………………………………19
支払期日前でも賃金は請求できる……………………………………………20
歩合制の労働者に、保障給を支払わないのは違法…………………………21
会社都合での休業日に賃金を支払わないのは違法…………………………22
賃金の一方的な引き下げは許されない………………………………………24
業績不振を理由とした残業代カットは違法…………………………………26
残業が深夜に及んだ場合に割増率が1.25では違法 ………………………27
残業代が月10時間分までしか支払われないのは違法 ……………………28
能力・成果主義であることを理由に残業代を支払わないのは違法…………29
歩合制であることを理由に残業代を払わないのは違法……………………30
「残業代なし」と契約しても、割増賃金を支払わなければ違法……………31
役職者であることを理由に残業代を払わないのは違法……………………32
年俸制を理由に残業代を払わないのは違法…………………………………34
パート・アルバイトであることを理由に残業代を払わないのは違法………35
派遣社員であることを理由に残業代を払わないのは違法…………………36
営業手当を残業代として支払うのは違法(固定残業手当制)………………37
残業を申告制にして、申告がない場合に残業代を支払わないのは違法……38
基本給だけで割増賃金の計算をするのは違法………………………………39
30分以内の残業時間をカットする処理は違法 ……………………………41
割増賃金を支払わなかった会社に対するペナルティー(付加金)…………42
退職後でも未払いの賃金を請求できる………………………………………43
退職した場合は7日以内に賃金を支払ってもらえる………………………44
会社倒産で賃金が未払いの場合には、国から立替払いを受けられる………45

第2章 ＜賞与・退職金＞でよくある違法行為

賞与の支給日前に解雇し、賞与を支給しないのは違法・・・・・・・・・・・・・・・・・・・・・48
退職金制度がないのは違法？・・・49
労働契約で「退職金・賞与なし」と定めても無効・・・・・・・・・・・・・・・・・・・・・・・・51
退職金が一方的に減額されてしまった・・・・・・・・・・・・・・・・・・・・・・・・・・・・・・・・52
ライバル会社に転職したため退職金が払われない・・・・・・・・・・・・・・・・・・・・・・54
会社から「退職金を返せ」と言われている・・・・・・・・・・・・・・・・・・・・・・・・・・・・・56
会社への損害賠償金を退職金で相殺されてしまった・・・・・・・・・・・・・・・・・・・・57
退職金の請求はいつまでできるのか・・・・・・・・・・・・・・・・・・・・・・・・・・・・・・・・・・58

第3章 ＜労働時間・休憩・休日＞でよくある違法行為

協定した時間を超えて残業させるのは違法・・・・・・・・・・・・・・・・・・・・・・・・・・・・60
研修・教育の時間は労働時間・・62
警備業・ビル管理業などの仮眠時間は労働時間・・・・・・・・・・・・・・・・・・・・・・・・64
営業マンの労働時間の算定を適切に行わないのは違法（社外で労働した場合のみなし制）・・66
1日の一部を社外で働いた場合の労働時間の算定・・・・・・・・・・・・・・・・・・・・・・68
営業・経理・総務などに専門業務型裁量労働制は採用できない・・・・・・・・・・・70
労使協定がない場合は専門業務型裁量労働制は採用できない・・・・・・・・・・・・72
企画業務型裁量労働制は拒否できる・・・・・・・・・・・・・・・・・・・・・・・・・・・・・・・・・73
裁量労働制を理由に割増賃金を支払わないのは違法・・・・・・・・・・・・・・・・・・・・75
変形労働時間制を理由に残業代を支払わないのは違法・・・・・・・・・・・・・・・・・・76
フレックスタイム制を理由に残業代を支払わないのは違法・・・・・・・・・・・・・・79
業務多忙を理由に休憩を与えないのは違法・・・・・・・・・・・・・・・・・・・・・・・・・・・・81
休日労働に対する割増賃金を支払わないのは違法・・・・・・・・・・・・・・・・・・・・・・83
代休付与を理由に、休日労働手当を支払わないのは違法・・・・・・・・・・・・・・・・85
休日振替での時間外労働に割増賃金を支払わないのは違法・・・・・・・・・・・・・・86

第4章 ＜年次有給休暇＞でよくある違法行為

年次有給休暇を認めない会社は違法・・・・・・・・・・・・・・・・・・・・・・・・・・・・・・・・・・88
アルバイトの期間を継続勤務期間に通算しないのは違法・・・・・・・・・・・・・・・・90

もくじ

年休の付与日数を勝手に少なくすることはできない・・・・・・・・・・・・・・・・・・・・・ 92
欠勤でも、出勤として扱わなければならない期間がある・・・・・・・・・・・・・・・・ 93
定年退職時で未消化の年休を消滅させるのは違法・・・・・・・・・・・・・・・・・・・・・ 94
「年休なし」と契約しても、年休は取得できる ・・・・・・・・・・・・・・・・・・・・・・・ 95
年休を事前に買い上げて、年休を与えないのは違法・・・・・・・・・・・・・・・・・・・ 96
いつを年休日にするのかは、労働者が決められる・・・・・・・・・・・・・・・・・・・・・ 97
年休日をどのように利用するかは労働者の自由・・・・・・・・・・・・・・・・・・・・・・・ 99
パートタイマーやアルバイトも年休を取得できる・・・・・・・・・・・・・・・・・・・・・ 100
１年間の契約社員も年休を取得できる・・・・・・・・・・・・・・・・・・・・・・・・・・・・・・ 101
年休日に緊急呼び出しされて半日勤務した場合・・・・・・・・・・・・・・・・・・・・・・・ 102
年休日の賃金を基本給のみにするのは違法・・・・・・・・・・・・・・・・・・・・・・・・・・ 103
未消化となった年休は翌年度に繰越しできる・・・・・・・・・・・・・・・・・・・・・・・・ 104
年休を取得した労働者に不利益取扱いをするのは違法・・・・・・・・・・・・・・・・ 105

第5章　＜配置転換＞でよくある違法行為

会社の配転命令には従わなければいけないのか？・・・・・・・・・・・・・・・・・・・・ 108
国籍・宗教・社会的身分を理由とした配置転換は違法・・・・・・・・・・・・・・・・ 109
現地採用社員は転勤命令を拒否できる・・・・・・・・・・・・・・・・・・・・・・・・・・・・・・ 110
職種を限定して採用された者は、他の職種への配転命令を拒否できる・・・・・・・ 111
不当な目的でだされた配転命令は無効・・・・・・・・・・・・・・・・・・・・・・・・・・・・・・ 112
配転命令を拒否した者に対する懲戒解雇・・・・・・・・・・・・・・・・・・・・・・・・・・・・ 114

第6章　＜懲戒処分＞でよくある違法行為

就業規則に載ってない懲戒処分は無効・・・・・・・・・・・・・・・・・・・・・・・・・・・・・・ 116
同じ事案で他の労働者と違う懲戒処分をされた場合（平等待遇の原則）・・・・・・・ 118
懲戒事由を新設し、遡って懲戒処分を行うことはできない・・・・・・・・・・・・ 119
二重に懲戒処分を行うことはできない・・・・・・・・・・・・・・・・・・・・・・・・・・・・・・ 120
手続きに不備がある懲戒処分は無効・・・・・・・・・・・・・・・・・・・・・・・・・・・・・・・・ 121
限度を超える減給制裁は違法・・・・・・・・・・・・・・・・・・・・・・・・・・・・・・・・・・・・・ 122
懲戒処分を受けた者の賞与を不支給にするのは違法・・・・・・・・・・・・・・・・・・ 124

第7章 ＜女性の雇用管理＞でよくある違法行為

女性労働者に生理休暇を与えないのは違法 ･････････････････････････ 126
妊娠中は、軽易な業務へ換えてもらうことができる ･･･････････････ 127
妊娠中や出産後の健康診査は、勤務時間中でも行くことができる ･････ 128
妊娠中は、ラッシュアワーの混雑を避けて通勤できる ･････････････ 129
妊娠中や産後は残業を拒否できる ･････････････････････････････ 130
零細企業でも産前産後休業は取得できる ･･･････････････････････ 131
産前産後休業を取得したことを理由に不利益取扱いをするのは違法 ･････ 133
労働者には、育児休業を取得する権利がある ･･･････････････････ 135
育児をしている者に勤務短縮制度を講じないのは違法 ･････････････ 138
子が病気・ケガした場合は看護休暇を取得できる ･････････････････ 140
看護休暇を取ったことを理由に不利益取扱いをすることは違法 ･･････ 141
子を養育する労働者は深夜業を拒否できる ･････････････････････ 142
子を養育する労働者は残業を拒否できる ･･･････････････････････ 143
配置についての男女差別は違法 ･･･････････････････････････････ 144
昇進についての男女差別は違法 ･･･････････････････････････････ 146
職種の変更についての男女差別は違法 ･････････････････････････ 147
契約社員から正社員への登用における男女差別は違法 ･････････････ 149
契約社員の契約更新についての男女差別は違法 ･････････････････ 151
定年についての男女差別は違法 ･･･････････････････････････････ 152
退職勧奨についての男女差別は違法 ･･･････････････････････････ 153
解雇についての男女差別は違法 ･･･････････････････････････････ 154
社宅などの福利厚生についての男女差別は違法 ･････････････････ 155
教育訓練についての男女差別は違法 ･･･････････････････････････ 156
転勤経験がある者だけを昇進対象とするのは違法 ･････････････････ 157
セクハラ行為者に対し、何ら処分をしないのは違法 ･････････････････ 158

第8章 ＜解雇＞でよくある違法行為

解雇とはどのようなことをいうのか？ ･･･････････････････････････ 162
妊娠や出産で労働能率が低下したことを理由に解雇するのは違法 ･････ 163
介護休業を請求した労働者を解雇するのは違法 ･････････････････ 164

もくじ

宗教上の信仰を理由に解雇するのは違法・・・・・・・・・・・・・・・・・・・・・・・・・・・・・・・・・・・・ 165
業務災害で会社を休んでいる間の解雇は違法・・・・・・・・・・・・・・・・・・・・・・・・・・・ 166
そもそも解雇を会社はしていいのか？・・・・・・・・・・・・・・・・・・・・・・・・・・・・・・・・・・・・ 168
傷病による勤務不能を理由とした解雇は有効か？・・・・・・・・・・・・・・・・・・・・・ 169
休職制度の適用がない解雇は有効か？・・・・・・・・・・・・・・・・・・・・・・・・・・・・・・・・・ 171
人工透析を受けていることを理由とした解雇は有効か？・・・・・・・・・・・・・ 172
勤務成績不良・能力不足を理由とした解雇は有効か？・・・・・・・・・・・・・・・ 173
勤務態度不良・協調性欠如を理由とした解雇は有効か？・・・・・・・・・・・・・ 175
借金があることを理由とした解雇は有効か？・・・・・・・・・・・・・・・・・・・・・・・・・ 176
遅刻が多いことを理由とした懲戒解雇は有効か？・・・・・・・・・・・・・・・・・・・・ 177
私生活上の非行に対する懲戒解雇は有効か？・・・・・・・・・・・・・・・・・・・・・・・・ 179
社内不倫を理由とした懲戒解雇は有効か？・・・・・・・・・・・・・・・・・・・・・・・・・・・ 180
パートタイマー・アルバイトの解雇も正当な理由がなければ無効・・・・・・ 181
リストラでの人員整理は許されるのか？・・・・・・・・・・・・・・・・・・・・・・・・・・・・・・ 182
人員削減の必要性が認められない解雇は無効・・・・・・・・・・・・・・・・・・・・・・・ 183
解雇回避のための努力をせずに行った解雇は無効・・・・・・・・・・・・・・・・・・ 184
人員整理の対象者を上司の主観で選んだ解雇は無効・・・・・・・・・・・・・・・ 185
従業員への説明不足による解雇は無効・・・・・・・・・・・・・・・・・・・・・・・・・・・・・・ 186
予告がない解雇は違法・・・ 188
会社は解雇予告の取消しを一方的にはできない・・・・・・・・・・・・・・・・・・・・ 191
解雇理由は文書で交付しなければならない・・・・・・・・・・・・・・・・・・・・・・・・・ 192
正当な理由がない内定の取消しは無効・・・・・・・・・・・・・・・・・・・・・・・・・・・・・・ 194
試用期間中の労働者を解雇する場合も解雇予告は必要・・・・・・・・・・・・ 195
試用期間後の本採用拒否は、正当な理由なければ無効・・・・・・・・・・・・・ 197
契約期間中の解雇は無効・・ 198
パートや契約社員の契約更新拒否は許されるのか？・・・・・・・・・・・・・・・ 199

第9章　＜退職＞でよくある違法行為

退職願を会社が承認しない場合でも退職できる・・・・・・・・・・・・・・・・・・・・・ 202
退職願の撤回は可能・・・ 203
退職の意思表示が本心でなかった場合・・・・・・・・・・・・・・・・・・・・・・・・・・・・・・ 204
強迫による退職願は取り消せる・・・・・・・・・・・・・・・・・・・・・・・・・・・・・・・・・・・・・・ 205

退職勧奨による退職･･ 207
復職できるのに休職期間満了での退職は無効･････････････････････ 209
契約期間中の退職は可能･･････････････････････････････････････ 211
約束された労働条件と実際の労働条件が違う場合はすぐ辞められる(即時解除権)･･････ 213
60歳を下回る定年年齢を定めることは違法 ･･･････････････････････ 215
定年後の継続雇用制度がないのは違法･･････････････････････････ 216
継続雇用する労働者の基準を適切に定めないのは違法････････････ 217

第10章　＜その他＞よくある違法行為

労働条件を明示しないことは違法 ･･･････････････････････････････ 220
説明を求めているのに説明しないのは違法･････････････････････ 222
パートタイマーから正社員への転換推進措置をとらない会社は違法 ･･･････････ 224
年1回以上健康診断を実施しない会社は違法････････････････････ 226
パートタイマーに健康診断を実施しない会社は違法･･･････････････ 228
労働者の健康に配慮をしない会社は違法･･････････････････････ 229
業務災害での休業最初の3日間について、休業補償をしないのは違法･････････ 231
試用期間中を理由に公的保険の加入手続きをとらないのは違法････････････ 232
パートタイマーであることを理由に公的保険の加入手続きをとらないのは違法 ････ 233
労災保険の適用手続きをとってない場合でも、保険給付は受けられる･･････････ 235
就業規則を作成しないのは違法････････････････････････････････ 236
周知されていない就業規則は効力を持たない･･･････････････････ 237

第11章　労働法違反があった場合にどうするのか

労働基準法・労働安全衛生法・最低賃金法の違反があった場合 ･････････････ 240
都道府県労働局(総合労働相談センター)の助言指導・あっせん制度････････ 242
男女雇用機会均等法・育児介護休業法・パートタイム労働法の違反があった場合 ････ 244
高年齢者安定法の違反があった場合 ･････････････････････････････ 246
労働審判制度･･ 247
個人加入できる労働組合･････････････････････････････････････ 248

あとがき･･ 249

第  章

賃金

でよくある違法行為

この章では、「賃金」について労働者の権利と会社の義務、それとよくある違反行為などをあげていきます。

低額な賃金は違法

> 私は、アルバイトとして働いていますが、臨時的な労働者という理由で時給がかなり低いのです。これは法的にはどうなのでしょうか？

A 基本的に賃金額は、会社と労働者との間で自由に契約してよいことになっています。ただ、社会的に不公正な低賃金が定められることがないように、賃金額の最低基準（最低賃金額）を定めて「労働者」を保護している最低賃金法という法律があります。

もちろん、パートタイマー、アルバイト、派遣労働者など雇用形態や名称を問わず、そして年齢を問わず、この法律でいう「労働者」に該当します。

「労働者」は、この法律により、最低賃金額以上の賃金を受けとる権利を有しているのであり、会社は最低賃金額以上の賃金を支払う義務を負っているのです。

仮に、労働者が、「最低賃金額を下回るような賃金でもかまいません」と言って労働契約を締結していたとしても、会社は最低賃金額を下回った賃金を支払ってはならないのです。

もし、会社が最低賃金額を下回った賃金を支払っていれば、その会社は最低賃金法違反となりますし、「労働者」は最低賃金額と実際に払われている賃金との差額の支給を会社に請求することができるのです。

ですから、あなたは最低賃金額がいくらかをまず確認する必要があると思います。

この違反に対する罰則 50万円以下の罰金（産業別最低賃金の不払いの場合は30万円以下の罰金）

最低賃金の種類

　最低賃金は、1時間あたりの額で定められおり、地域別最低賃金と産業別最低賃金の2種類あります。

　地域別最低賃金は、産業や職種にかかわりなく、すべての労働者とその使用者に対して適用されるもので、各都道府県ごとに1つずつ、全部で47コ定められています。

　産業別最低賃金は、都道府県内の一部の産業の一部の会社及び労働者に適用されるものです。

　では、地域別最低賃金と産業別最低賃金の両方の対象となる労働者はどうなるのか？

　その場合、高い方の最低賃金が適用されます。

　例えば、東京都の総合スーパーの労働者の場合は、基本的に地域別最低賃金と産業別最低賃金の両方の対象になります。

　東京都の地域別最低賃金　　　　　　　　1時間あたり766円
　東京都の各種商品小売業の産業別最低賃金　1時間あたり779円

　産業別最低賃金の方が高いので、この779円が適用されます。したがって、この労働者は、1時間あたり779円以上の賃金で働ける権利を有しているのであり、もし1時間あたり779円に満たない賃金しか払っていないのであれば、その会社は最低賃金法違反となります。

最低賃金額以上となっているか確認する方法

実際の賃金が最低賃金額以上となっているかどうかを調べるには、「実際の賃金額」と最低賃金額を以下①から③の方法で比較します。

① 賃金が時給制の場合は、単純にその時給と最低賃金額を比較します。
② 賃金が日給制の場合は、その日給を1日の所定労働時間（会社によって異なる）で割り、1時間あたりの額になおして最低賃金額と比較します。
③ 賃金が月給制の場合
　まずその月給額を12倍し年収になおします。その金額を年間の総所定労働時間数で割り、1時間あたりの額を算出し、最低賃金額と比較します。
　所定労働時間とは、労働契約や就業規則などで定められた労働時間をいいます。

なお、最低賃金額と比較するのは、毎月支払われる基本的な賃金です。時間外労働や休日労働の割増賃金、結婚手当など臨時的に支払われものなどは含まれません。
また、通勤手当、家族手当、皆勤手当なども含まれないことになっています。

例えば　東京都で働くAさんの場合

- 1日の所定労働時間は8時間
- 年間の所定労働日数260日
　　⇨ ＜8時間×260日＝年間での総所定労働時間は2080時間＞

月給制

20万円 ⇨ （内訳）
基本給	12万円
営業手当	1万円
家族手当	2万円
通勤手当	1万円
時間外労働手当	4万円

＜Aさんの1時間あたりの賃金額＞

$$\frac{（基本給12万円＋営業手当1万円）\times 12}{年間総所定労働時間2080時間} ＝750円$$

東京都の最低賃金額は、1時間あたり766円であり、これを下回っていますから、最低賃金法違反となります。
なお、最低賃金額は毎年改定されます。

正社員並のパートタイマーに、正社員と同様の待遇をしないのは違法

Q 私は、パートタイマーとして働いていますが、仕事の内容もその仕事に対する責任も正社員と同じであり、また、人事異動なども正社員と同じように行われるということで契約しています。ただ、パートタイマーという理由だけで、賃金などの待遇が大きく正社員に劣ります。このように、パートタイマーというだけで待遇に大きな差をつけることは法的に許されることなのでしょうか？

A パートタイム労働法（短時間労働者法ともいう）という法律があります。これはパートタイマーとして働く労働者の適正な労働条件の確保を図ることなどを目的に作られた法律です。この法律が改正され、平成20年4月からは、「会社は、職務内容・契約期間・人事異動等が正社員と同じ扱いのパートタイマー（いわゆる正社員並のパートタイマー）については、パートタイマーであることを理由として、賃金・教育訓練・福利厚生をはじめ、休憩・休日・休暇・災害補償・解雇などすべての待遇について、差別的に取り扱ってはならない」としています。つまり、正社員並のパートタイマーに対しては、パートタイマーという理由で、正社員と待遇に差をつけることを禁止したのです。

あなたは正社員並のパートに該当している可能性があります。もし、あなたがこれに該当しているにもかかわらず、パートタイマーという理由だけで、あなたの待遇を正社員よりも悪くしているのであれば、あなたの会社はパートタイム労働法違反（短時間労働者法違反）となります。

※パートタイム労働法でいうパートタイマー（短時間労働者）とは、1週間の所定労働時間が、通常の労働者と比べて短い労働者をいいます。

この違反に対する罰則はありません

正社員並のパート

以下の①から③の3つの条件を満たす者が、「正社員並のパートタイマー」です。

① **職務内容が正社員と同一である。**
（実質的な業務の内容とその業務に伴う責任の程度が正社員と同一である場合は、これに該当します。）

② **契約期間の扱いが正社員と同一である。**
（労働契約で雇用期間の定めがないか、または、契約上は雇用期間の定めがあるけれども、実態としては期間の定めがないと判断できる場合はこれに該当します。）

③ **人材活用の仕組みや運用が正社員と同一である。**
（正社員と同じように職務内容の変更や人事異動が行われることになっている場合は、これに該当します。）

女性パートのみ皆勤手当を支給するのは違法

Q 私は、パートタイマーとして梱包作業を行っています。うちの会社は、女性パートについては週5日以上出勤すると皆勤手当を支給しますが、男性パートの場合は皆勤手当の支給をしません。このような取り扱いは法的にはどうなのでしょうか？

A 労働基準法という法律があります。これは労働条件についての最低基準を定めて労働者を保護している法律です。この法律では、「会社は、労働者が女性であることを理由として、賃金について、男性と差別的取扱いをしてはならない(男女同一賃金の原則という)」としています。差別的取扱いとは、有利不利を問わず、異なる取扱いをすることを意味しますので、女性であることを理由に賃金について男性より有利に取扱うことも、これに違反することになります。

したがって、あなたの会社のように、女性パートについてだけ、皆勤手当を支給することは、労働基準法の男女同一賃金の原則に違反することになります。

この違反に対する罰則	6か月以下の懲役又は30万円以下の罰金

賃金に関する男女の差別的取扱いの典型例

男女別賃金表の設定、女性の年功給の頭打ち、住宅手当や家族手当の男性のみ又は女性のみの支給、男性は月給制であるのに女性は日給制、結婚退職した女性についてだけ退職金を上乗せ支給する結婚退職優遇制度などは、男女同一賃金の原則に反する典型例です。

5分の遅刻で30分の賃金カットは違法

Q うちの会社では、5分の遅刻であっても30分の遅刻とみなされ、その分の賃金が減額されます。このような処理は許されるのでしょうか？

A 労働基準法では、「賃金は、通貨で、直接労働者に、その全額を支払わなければならない（全額払いの原則という）」としています。「全額」とは、賃金債権が発生しているものは全部という意味です。遅刻をし労働していない5分については、その分の賃金債権は発生しないので、この分をカットするだけなら問題はありませんが、残りの25分については働いており、その分の賃金債権は発生しています。それを払わないわけですから、あなたの会社は、労働基準法の全額払いの原則に違反することになります。

あなたは、違法にカットされた賃金を会社に請求することができます。

ただし、懲戒処分の減給制裁（減給の制限については122頁参照）として、このような取扱いをする場合は、労働基準法の全額払いの原則に反しないこととされています。

この違反に対する罰則	30万円以下の罰金

年俸制でも毎月1回以上・一定期日払いの原則は適用

労働基準法では、「賃金は、原則として毎月1回以上、一定期日を定めて支払わなければならない」としています。年俸制を採用している場合でも、この規定は適用されます。

年俸制は、年を単位として賃金額を決定しているだけなので、支払については労働基準法の原則通りに、毎月一定期日を定めて労働者に支払わなければならないのです。

弁償金を賃金から控除するのは違法

> 私は専門学校の職員として働いているのですが、学校が使用しているハンディターミナルという機械を私の不注意で壊してしまいました。その修理代が10万円だったらしいのですが、会社から弁償しろと言われ、私の賃金から10万円が差し引かれました。車のローンもあり、賃金がいきなり10万円も少なくなったので非常に困っています。弁償するにしても、分割での支払にしてもらいたかったです。このように一方的に賃金から弁償額を差し引くことは許されるのでしょうか？

労働基準法の全額払いの原則により、会社は賃金の全額を支払わなければならないのです。勝手に賃金の一部を控除すれば、賃金の全額を払っていないわけですから、労働基準法違反となり、原則として許されません。

修理代をあなたが弁償することになっていたとしても、勝手にその分を賃金から控除すれば、労働基準法違反になりますし、あなたは賃金の全額を請求できます。

この違反に対する罰則	30万円以下の罰金

賃金からの控除が認められる場合

賃金からの控除について労働者代表と労使協定を締結している場合は、その協定で定めるものを賃金から控除しても、全額払いの原則には違反しないことになっています。

支払期日前でも賃金は請求できる

Q 私の妻が病気で入院してしまったのですが、その入院費用を都合することが難しい状況にあります。会社から賃金を早めに支払ってもらうようなことはできるでしょうか？

A 労働基準法では、「労働者は、非常の場合の費用に充てるためであれば、支払期日前であっても、既往の労働に対する賃金を請求でき、会社はこれに応じて賃金を支払わなければならない」としています。

　非常の場合とは、労働者本人又はその労働者の収入によって生計を営む者（労働者の家族など）の出産、病気、災害、結婚、死亡、やむを得ない事由による１週間以上の帰郷をいいます。

　したがって、あなたはこの非常の場合に該当しますので、既に労働した部分に対する賃金を会社に請求することができます。会社がこれを拒否すれば、労働基準法の違反になります。

この違反に対する罰則	30万円以下の罰金

歩合制の労働者に、保障給を支払わないのは違法

Q 私は教材販売の営業をしていますが、委任契約の外務員という扱いのため、賃金は教材の販売数に応じて決まります。ですから、売り上げが伸びない月については、賃金が著しく低額となることがあります。このような月に対する保障給の支払を会社に請求できないでしょうか？

A 実質上は、従業員として指揮命令下においているにもかかわらず、形式上、委任や請負の形態をとり、労働基準法の適用を逃れようとする会社がありますが、実質上、従業員として扱われている者は、労働者であり、労働基準法が適用されます。

つまり、あなたのように、外務員として委任の形態を取っているものでも、労働者に該当する可能性は十分あるのです。そして、労働基準法では、「出来高払制その他の請負制で使用する労働者については、会社は、労働時間に応じ一定額の賃金の保障をしなければならない」としています。

したがって、あなたが労働者に該当しているにもかかわらず、保障給の支払をしていない場合には労働基準法違反になります。

しかし、違反にはなりますが、あなたの会社の就業規則などに保障給の定めがないのであれば、今までの労働に対する保障給の支払請求をすることは難しいです。

ですから、あなたは就業規則などに保障給の定めをおくよう会社に求め、今後はその定めにしたがった保障給を受けられるようにするのが最善の策かと思います。

この違反に対する罰則	30万円以下の罰金

会社都合での休業日に賃金を支払わないのは違法

Q 私は、週5日勤務の契約で働くパートタイマーです。先月から商品の受注量が減ったことを理由として、会社を休まされる日が増えています。従来と比べて賃金が大分減ってしまい困っています。

A 労働基準法では、「会社都合での休業の場合においては、その休業期間中について平均賃金の100分の60以上の手当（休業手当という）を支払わなければならない」としています。

パートタイマーやアルバイトも労働基準法でいう労働者に該当しますので、あなたにもこの規定は適用されます。そして、あなたの会社のように、商品の受注量の減少による休業は、通常、「会社都合による休業」とされます。したがって、あなたの会社はその休業日について休業手当を支払わなければならず、これを支払っていないのであれば、労働基準法違反となります。あなたは休業日について、休業手当を請求することができるのです。

Q 私は、工場勤務の正社員です。うちの会社は、親会社の経営が悪化していて資金難となっているようです。そのため資材なども獲得ができず一時的に休業することになりました。このような場合でも休業手当は請求できますか？

A あなたの会社のように親会社の経営難が原因で、資材や資金の獲得ができず工場を休業した場合などは、一見不可抗力的な休業に見えるかもしれませんが、基本的に「会社都合での休業」になります。したがって、その休業日に対して、会社は労働者に休業手当を支払わなければなりません。この支払をしないのであれば、やはり労働基準法違反となります。

第1章 ＜賃金＞でよくある違法行為

■平均賃金

休業最初の日の直前の賃金締め日以前3か月間に支払われた賃金の総額（通勤手当や家族手当なども含む）を、その3か月間の総日数（土、日祭日含む）で除して得た額をいいます。

例　賃金締日が毎月15日

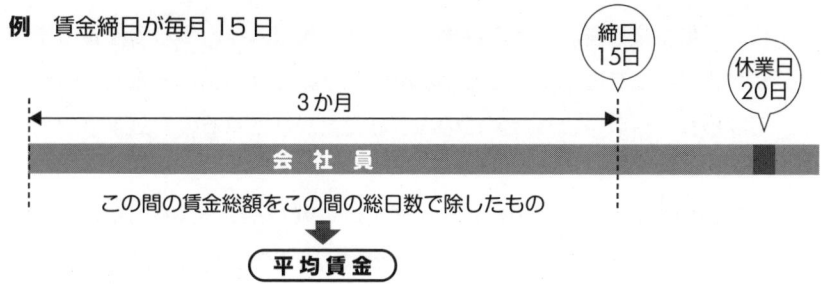

| この違反に対する罰則 | 30万円以下の罰金 |

一部ストライキによる休業

　労働組合がストライキをし、そのストライキに参加した組合員については、当然、「会社都合による休業」ではないので、休業手当の支払いは必要ありません。
　また、そのストライキの結果、その事業場の組合員以外の労働者が労働を提供し得なくなった場合には、その程度に応じて労働者を休業させても休業手当の支払義務はないとされています。
　ただし、事業場における一部の労働者のストライキの場合に、残りの組合員以外の労働者を就業させることが可能であるにもかかわらず、会社がこれを拒否した場合は、「会社都合による休業」として、この組合員以外の者に休業手当を支払わなければなりません。

会社の都合による休業とされない場合

　法令を守るために必要な限度において休業する場合は、それは会社にとって避けられないことであり、「会社都合による休業」ではないとされています。
　例えば、労働安全衛生法に基づく健康診断の結果、医師の「当分休ませた方がいい」との意見に基づいて、労働者に休業を命じ、あるいは労働時間の短縮措置を取った場合などが、これに該当し、「会社都合の休業」とはされません。

賃金の一方的な引き下げは許されない

Q 私は不動産業を営む会社に勤めています。先月より、うちの部署の業績が悪いことを理由に、うちの部署の正社員の基本給が一方的に引き下げられてしまいました。このようなことが許されるのでしょうか？

A 労働契約法という法律があります。これは労働契約に関する民事的ルールを定めたものです。この法律では、「労働契約は、労働者と会社が対等の立場における合意に基づいて締結し、又は変更すべきものとする」とし、また「労働者及び会社は、その合意により、労働契約の内容である労働条件を変更できる」としています。

賃金額の引き下げも労働契約の変更になりますので、合意がある場合に変更できるのです。

また、「労働契約において賃金は最も重要な労働条件としての契約要素であることから、これを従業員の同意を得ることなく一方的に不利益に変更することはできない」と述べている裁判例もあります。

あなたの会社のように従業員の同意もなく、一方的に賃金の引き下げをすることは許されないでしょうし、そのような引き下げ変更は無効になるでしょう。

ですから、あなたは引き下げ前の賃金との差額を会社に請求できると思います。

Q 私の場合は、配置転換で他の部署に異動となり、職務が変更しました。職務の変更はかまわないのですが、賃金が一方的に引き下げられたことが納得できません。こちらが同意していなくとも会社は賃金を引き下げることが可能なのでしょうか？

A 日本ではあまり採用されていませんが、職務ごとに基本給を設定している場合（職務給という）であれば、職務内容の変更に応じて基本給が変わることは、直ちに違法なものとはいえないと思います。しかし、この職務給を採用していない場合、会社に職務内容の変更をする権限があったとしても、あるいは、労働者が職務内容の変更について同意していたとしても、それに応じて賃金を当然に変更できるとは考えられていません。

　裁判例でも、「会社は、従前より低額な賃金が相当であるような職種への配転を命じた場合であっても、特段の事情がない限り、賃金については、従前のままとすべき契約上の義務を負っているのである」と述べているものがあります。

　職種変更があっても、賃金についての変更を行うには別に根拠が必要です。就業規則等に賃金変更の根拠規定がない限り、労働者の同意があってはじめて変更が可能になるものと思われます。ですから、あなたは引き下げ前の賃金との差額を会社に請求できると思います。会社がこれを拒否するようであれば、労働基準法の全額払いの原則違反の問題が生じてくると考えます。

この違反に対する罰則	30万円以下の罰金

業績不振を理由とした残業代カットは違法

Q うちの会社は、今月から業績悪化を理由に、残業代をカットする措置を取ることにしています。これは仕方のないことなのでしょうか？

A 労働基準法では、「労働者に時間外労働、深夜労働（午後10時から午前5時）又は休日労働（以下、時間外労働等という）を行わせた場合には、割増賃金を支払わなければならない」としています。

業績が悪化していても、この割増賃金の支払義務はなくなりません。したがって、労働者が時間外労働等を行っているにもかかわらず、残業代・深夜労働手当・休日労働手当などの割増賃金を支払わないのであれば、労働基準法に違反することになります。

それだけでなく、残業代も当然賃金であり、残業を行えばその賃金債権は発生するので、その分を会社が支払わなければ、労働基準法の全額払いの原則に違反することにもなります。

この違反に対する罰則	6か月以下の懲役又は30万円以下の罰金

残業が深夜に及んだ場合に割増率が1.25では違法

Q 私の会社では業務の繁忙期には、残業が深夜にまで及んでしまいます。残業代は払われているのですが、その割増賃金の計算が2割5分増しとされています。これは法的にはどうなのでしょうか？

A 労働基準法では、割増賃金は、以下のように計算することとされています。

<u>割増賃金＝1時間当たりの賃金額×時間外労働等の時間数×割増率</u>

　この割増率は、時間外労働の場合は1.25以上、休日労働の場合は1.35以上、深夜労働の場合は1.25以上とされています。

　しかし、時間外労働が深夜に及んだ場合は、深夜業にあたる時間帯については、時間外労働(25％)＋深夜労働(25％)で1.5以上の割増率で計算した割増賃金を支払わなければならないとされています。

　あなたの会社は、時間外労働で、かつ、深夜労働に該当している時間についても、1.25で割増賃金を計算しているようですから、労働基準法違反となります。

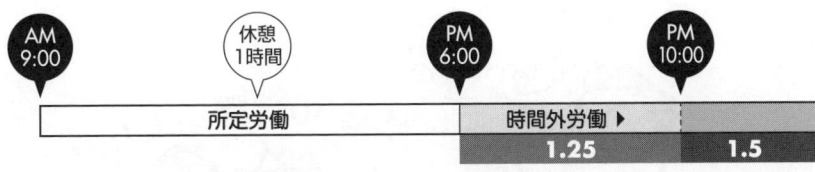

この違反に対する罰則	6か月以下の懲役又は30万円以下の罰金

残業代を月10時間分までしか支払わないのは違法

Q 私の会社は、「残業は1か月につき10時間までしか認めないので、残業代は10時間分のみの支払になる。」といって、実際の残業時間に応じた残業代を払ってくれません。このようなことは法的に許されるのですか？

A あなたの会社のように、残業代を支払う限度時間を定めて、その時間分の残業代しか支払わないという措置をとっている会社がありますが、これは割増賃金を一部支払っていないわけですから、労働基準法の違反になります。割増賃金は、実際の時間外労働の時間数に応じて支払わなければいけないのです。

仮に、あなたが30時間の時間外労働を行ったのであれば、その30時間分の賃金債権が発生します。したがって、10時間分の賃金しか支払わなければ、賃金の全額を支払っていないので「全額払いの原則」の違反になりますし、割増賃金の支払い義務違反にもなります。労働者は、その差額部分の賃金を会社に請求することができるのです。

この違反に対する罰則	6か月以下の懲役又は30万円以下の罰金

能力・成果主義であることを理由に残業代を支払わないのは違法

> **Q** 私の会社はIT系の会社なのですが、タイムカードなどもなく、時間外労働を行っても一切、残業手当等の賃金が払われません。社長に「時間外労働に対して割増賃金を支払わないのは労働基準法違反ではないのですか。」と聞いたところ、「私は社員の能力と労働成果に対して賃金を払っているのであり、時間あたりで賃金を払っているわけではない。したがって残業代を支払う考えはない。」と返答されました。このような扱いをすることは許されるのでしょうか？

A その会社がどのような考え方で賃金を払っているかなどは、労働基準法には関係ありません。車の運転をする人が、どのような考え方で車を運転していようが、道路交通法で決められたスピードを超えて運転すれば違反になるのと同じです。

あなたの会社の社長のように、成果や能力評価で賃金を払っていると主張しても労働基準法の割増賃金の規定（27頁参照）は当然に適用されます。したがって、あなたが時間外労働を行えば、その時間に応じた割増賃金を支払わなければなりませんし、支払わないのであれば、労働基準法違反となるのです。

この違反に対する罰則	6か月以下の懲役又は30万円以下の罰金

歩合制であることを理由に残業代を払わないのは違法

> 私の会社は、社員が時間外労働・休日労働などを行っても、これに対する割増賃金を計算せず、単に社員の月間の売上高に一定の歩合を乗じた歩合給を支払うだけの、完全歩合制です。完全歩合制で働く場合は、時間外労働・休日労働を行っても割増賃金を受けることはできないのですか？

A 賃金形態が歩合制であっても、労働者であるかぎり労働基準法は適用されます。

会社は、歩合制等の労働者でも時間外労働、休日労働や深夜労働を行わせれば、割増賃金を支払わなければなりません。歩合制であることを理由に割増賃金の支払をしないのであれば、労働基準法違反となります。

あなたは、会社に対して既に行った時間外労働等について、割増賃金を請求することができます。

例えば
- 歩合給での賃金額が20万円
- この賃金額を得るため実際に働いた時間が200時間
  （このうち時間外労働になるのが30時間）

賃金額20万円÷総労働時間200時間＝ 1000円 ⇐（これが1時間あたりの賃金となります）

1000円×時間外労働の時間数30時間×0.25＝7500円

この時間外労働に対する割増賃金は7500円となり、これを支払わない場合は労働基準法違反になります。

（なお、歩合制の場合は、割増率が1.25以上ではなく、0.25以上となる点が特殊です。）

この違反に対する罰則	6か月以下の懲役又は30万円以下の罰金

「残業代なし」と契約しても、割増賃金を支払わなければ違法

Q 面接時に、人事担当者から、「うちの会社は、残業しても残業代を支給していませんけど、それで構わないか。」と聞かれたので、私は、前の会社でも支給されていなかったので、「分かりました。それで結構です。」と返事をし入社に至りました。ただ、実際入社してみるとあまりに残業が多く、それがすべてサービス残業だと思うとむなしくなります。残業代なしについて同意してしまったわけですから仕方がないのでしょうか?

A 労働基準法の規定は、そのほとんどが強行法規といって、その規定に反する当事者間の合意があっても、その規定に反する扱いを認めません。つまり、たとえ、会社と労働者との間で割増賃金なしと合意していたとしても、割増賃金の支払い義務はなくならないのです。

したがって、割増賃金の不支給についてあなたが同意をしていたとしても、あなたが行った時間外労働に対し、割増賃金を支払わないのであれば、やはり労働基準法違反となるのです。

また、強行法規に反する契約などの合意は無効となりますから、あなたは、実際に行った時間外労働に対する割増賃金の支払いをちゃんと請求できます。

この違反に対する罰則	6か月以下の懲役又は30万円以下の罰金

役職者であることを理由に残業代を払わないのは違法

Q 私の会社は、課長職であっても一般の労働者と同様に、現場作業なども行います。ところが、課長職以上の者については、たとえ残業を行っても残業代が払われません。役職者には、本当に残業代は払わなくてもよいものなのでしょうか？

A 労働基準法では、「管理監督者には、労働基準法の労働時間、休日、休憩の規定を適用しない」としています。したがって、会社は「管理監督者」に該当する労働者に対しては、時間外労働や休日労働の割増賃金を支払わなくても労働基準法違反にはなりません。

「管理監督者」とは、局長、部長、工場長等労働条件の決定その他労務管理について経営者と一体的立場にある者とされています。これに該当するかどうかは、名称にとらわれず、職務内容、責任と権限、勤務態様などの実態や、その地位のふさわしい待遇がなされているか否かで判断されます。

つまり、課長職・部長職だから、それで、「管理監督者」に該当するということではないのです。

あなたの会社では、役職者でも一般の労働者と同様に、現場作業なども行うような勤務実態があるようですから、課長職以上の役職についている方でも、「管理監督者」に該当しない人はいると思います。

そして、「管理監督者」に該当しない人については、たとえ課長職、部長職にあっても、時間外労働や休日労働を行えば、会社は時間外労働等の割増賃金を支払わなければならないのです。もし、支払っていないのであれば、労働基準法違反となりますし、既に行った過去の時間外労働等についての割増賃金を会社に請求することもできます。

会社に対して、役職者への残業代不支給制度を改善するように要求をするのもよいと思います。

なお、仮に「管理監督者」に該当していたとしても、労働基準法の深夜業や

年次有給休暇などの規定はちゃんと適用されますので、会社は、深夜労働を行わせれば割増賃金を支払わなければならないですし、年次有給休暇もちゃんと与えなければなりません。

| この違反に対する罰則 | 6か月以下の懲役又は30万円以下の罰金 |

ちょっと一言

労働時間・休日・休憩の適用除外

以下①から③の労働者には労働基準法の労働時間、休日、休憩の規定が適用されません。
① 農業・畜産・水産業に従事する労働者
② 管理監督者、機密の事務を取り扱う者
③ 監視又は断続的労働に従事する者で、会社が行政官庁の許可を受けたもの

① 農業・畜産・水産業は天候などの自然的条件に左右されやすいため、労働時間・休憩・休日の一律的な規制になじまないことから、適用除外とされています。林業については、従来、適用除外の対象とされていましたが、労働時間管理体制が整いつつあると判断され、労働基準法の平成5年改正によってその対象から外されています。
② 機密の事務を取り扱う者とは、秘書その他職務が経営者などの活動と一体不可分であって厳格な労働時間管理になじまない者をいいます。
③ 監視労働とは、配電盤・メーターの監視員のような、監視することを本来の業務とし、常態として身体又は精神的緊張の少ないものをいいます。
断続的労働とは、小学校の用務員、役員専属乗用車運転手など、通常は業務閑散であり、労働時間中において手待時間が多く、実際に作業をする時間が少ないものをいいます。
具体的には、ⅰ：身体の疲労及び精神的緊張の度合い、ⅱ：勤務場所が危険でないかどうか、ⅲ：手待ち時間の長短などを基準として監視・断続的労働に当たるかどうかが判断されています。

年俸制を理由に残業代を払わないのは違法

Q 私の会社は、一般社員についても年俸制が採用されています。そして年俸制は、年単位で賃金額を固定するものであるという理由から、時間外労働に対する残業代や休日労働手当の支払いが一切ありません。年俸制で働く労働者に対しては、これらの手当を払わなくても許されるものなのですか？

A まず、年俸制は、管理監督者などの割増賃金規制のない労働者層に適している賃金形態だといえますが、通常の労働者に対し年俸制を採用することが禁止されているわけではありません。ですから、採用自体はまず問題がないと思います。

しかし、年俸制をとる場合でも、労働基準法の時間外労働・休日労働・深夜労働に対する割増賃金の規定は適用されます。したがって、会社は時間外労働・休日労働・深夜労働を行わせたのであれば、それに対する割増賃金を支払わなければなりません。もしこれを支払っていないのであれば、やはり労働基準法違反となります。

この違反に対する罰則	6か月以下の懲役又は30万円以下の罰金

ちょっと一言

人事評価・年俸決定のあり方

年俸制は、能力・成果主義的な考え方のもので、労働者の能力や成果を評価し、その結果によって賃金を決定する制度です。つまり、人事評価の適正な運用がその命運を握っているといえます。したがって、会社は、労働者の納得が得られるよう公正に評価する責務を負うと考えられており、会社がこの責務に反して恣意的な人事考課を行い、労働者に経済的損害（賃金の低下等）を与えたときは、人事権の濫用として不法行為が成立し、損害賠償責任を負うこともあるといわれています。

パート・アルバイトであることを理由に残業代を払わないのは違法

> **Q** 私は工場で週3日間勤務しているパートタイマーです。1日の勤務時間は8時間なのですが、忙しい時には3〜4時間の残業をさせられます。時給制ですから、その残業時間についても賃金は払われますが、割増されず、通常の賃金で払われます。「なぜ、割増されないのか。」と会社に聞いたところ、「パートタイマーだし、週40時間は超えていないからだ。」と返答されました。パートタイマーには割増賃金を支払わなくても構わないのですか?

A 雇用形態がパートタイマーであろうがアルバイトであろうが、労働基準法の対象となる労働者です。したがって、雇用形態や名称を問わず、労働者に時間外労働などを行わせれば、それに対する割増賃金は支払わなければなりません。また、1日8時間が法定労働時間であり、8時間を超えて働いた場合には、その週の労働時間が40時間以下であっても時間外労働となります。ですから、あなたの会社のように週40時間以下であることを理由に割増賃金を払っていないのであれば、労働基準法違反となります。あなたは、実際に行った時間外労働についての割増賃金を請求できます。

※法定労働時間は、1日8時間、1週40時間とされています。

この違反に対する罰則	6か月以下の懲役又は30万円以下の罰金

派遣社員であることを理由に残業代を払わないのは違法

Q 私は1年契約で、部品工場に派遣されて働いている派遣社員です。派遣先の工場は、業務の繁閑が定まっておらず、いきなり注文が入り、何時間も残業させられます。
しかし、給与明細をみるとその残業時間について賃金は払われていますが、割増されず、通常の賃金で払われています。「なぜ、割増されないのか。」と所属する人材派遣会社に聞いたところ、「派遣先の指示で残業が行われているのであり、我々の指示ではないし、派遣先の工場から割増分の支払を受ける契約にしていないからだ。」と返答されました。このようなことは許されるのですか？

A 雇用形態が派遣労働者であろうが、労働基準法の対象となる労働者です。そして、人材派遣会社（派遣元）は、派遣先会社の指示によるものであっても、時間外労働を派遣労働者が行った場合には、割増賃金を支払わなければなりません。これは、人材派遣会社と派遣先の会社との派遣契約がどのような定めになっていてもです。

したがって、あなたに割増賃金を支払わない人材派遣会社は、労働基準法違反ですし、あなたは、実際に行った時間外労働についての割増賃金を請求できます。

| この違反に対する罰則 | 6か月以下の懲役又は30万円以下の罰金 |

営業手当を残業代として支払うのは違法
（固定残業手当制）

Q 私は営業部に所属しています。入社以来、かなりの時間外労働を行ってきましたが、残業代が支払われたことがありません。そこで、会社に聞いたところ、「営業手当が残業代をも含んでいる。」と返答されました。営業手当を残業代とできるものなのでしょうか？

A 固定残業手当制度といわれるものがあります。これは時間外労働に対する手当をあらかじめ固定して決めておく方法です（その手当の名称を業務手当とか営業手当とすることがあります）。勘違いしてはいけないのが、この固定手当を払ってさえいれば、それで割増賃金の支払義務を果たしたことになるわけではないのです。

労働者が実際に行った時間外労働に対する割増賃金を計算し、その額が固定手当を超えている場合には、その超える部分の額を支払わなければいけません。

また、この制度を採用するためには、固定手当が時間外労働の割増賃金に充当されることを就業規則などで明確にしておかなければいけません。

したがって、あなたの会社の就業規則等に営業手当で充当する旨の記載がない場合は、営業手当を時間外労働の割増賃金とすることはできません。つまり、時間外労働の割増賃金を支払っていないことになりますので、労働基準法違反となります。あなたは、今まであなたが行った時間外労働に対する割増賃金を会社に請求できます。

また、仮に、あなたの会社の就業規則等に充当の記載があっても、支払われている営業手当が、実際に行った時間外労働の割増賃金より少ないのであれば、やはり労働基準法違反になりますし、その差額分を会社に請求できるのです。

この違反に対する罰則	6か月以下の懲役又は30万円以下の罰金

残業を申告制にして、申告がない場合に残業代を支払わないのは違法

Q 私の会社は、残業を行う場合には上司に申告書を書いて提出することになっています。ただ、申告書を提出すると上司が嫌な顔をしたり、嫌みを言ってくるので、結局、みな残業の申告書を提出せず、いわゆるサービス残業をやっています。このように残業を申告制にして割増賃金を支払わないようにすることは、法律上どうなのですか？

A 会社は、労働者の労働時間を把握する義務を負っています。そして、労働者が時間外労働を行った事実があれば、労働者からの申告の有無を問わず、その時間に対する割増賃金を支払わなければならないのです。したがって、あなたの会社のように、時間外労働が実際に行われているのに、労働者からの申告がないことを理由に割増賃金を支払わないことは、労働基準法の違反となります。今まであなたが実際に行った時間外労働についての割増賃金を会社に請求できます（賃金の請求権は時効が2年）。

この違反に対する罰則	6か月以下の懲役又は30万円以下の罰金

基本給だけで割増賃金の計算をするのは違法

Q 私の会社は、基本給を低くし、その代わりに調整手当というものを支給しています。時間外労働・休日労働・深夜労働の割増賃金の額は、この基本給を基礎にして計算され、調整手当などの他の手当は除外して計算されています。
このような計算方法は正しいものなのでしょうか？

A 労働基準法は、割増賃金の算定基礎から除外できる賃金を、以下①から③に限定しています。

① 家族手当、通勤手当、別居手当、子女教育手当及び住宅手当
② 臨時に支払われた賃金
③ 賞与のように1か月を超える期間ごとに支払われる賃金

あなたの会社が支払っている調整手当は、除外できる賃金にはなりません。

したがって、あなたの会社は、基本給だけなく調整手当を含めた額を基礎にして割増賃金を算定しなければなりません。あなたの会社のように基本給だけを基礎にして計算している場合は、労働基準法違反となります。

調整手当を含めた額を基礎に算定した割増賃金が、あなたが本来受けられる額となりますので、今まで払われた割増賃金との差額を会社に対して請求できます（賃金の請求権は時効が2年）。

この違反に対する罰則	6か月以下の懲役又は30万円以下の罰金

> **ちょっと一言**

家族手当・通勤手当などは実質で判断される

　①の賃金については、名称のいかんを問わず、実質的に判断されます。
　したがって、家族手当や通勤手当と称されていても、扶養家族の有無やその数、通勤費用額などの個人的事情を度外視して一律の額で支給されている場合は、除外賃金とされません。つまり、割増賃金の計算の基礎としなければなりません。
　また、生活手当、物価手当などと称していても、扶養家族の有無やその数によって算定される手当であれば家族手当に該当します。

賞　与

　③に該当する「賞与」とは支給額が予め定められていないものをいい、支給額が確定しているものは除外賃金としての「賞与」ではないとされています。
　ですから、年俸制の場合で、賞与の支給額が前年度の成績評価によって確定しているようなときは、この「賞与」に該当せず、割増賃金の算定基礎から除外することはできません。

例えば　Aさん

＜年俸額600万円＞

　各月の支払額40万円(12か月で合計480万円)
　6月に賞与として60万円
　12月に賞与として60万円
　　　▼
　この賞与は割増賃金の除外賃金とはされません。

30分以内の残業時間をカットする処理は違法

Q 私の会社では、残業をした場合に残業手当を支払ってくれますが、30分に満たない残業時間については切り捨てられます。つまり、仮に20分の残業を18日間行ったとしたら、合計6時間の残業をしたことになりますが、端数処理されるため残業0時間となります。つまり、この6時間分の残業手当がカットされてしまうわけです。このような端数処理は許されることなのでしょうか？

A 1か月における時間外労働、休日労働又は深夜労働のそれぞれの時間数（分単位）の合計を出し、その合計した時間に30分未満の端数がある場合には、これを切り捨て、それ以上の端数がある場合には、これを1時間に切り上げるという処理方法であれば労働基準法違反とはされません。しかし、あなたの会社のように、日々の労働時間の算定において、30分未満の残業時間をカットし、その分の割増賃金を支払わないのであれば、労働基準法違反になります。

例えば　Aさん
- 時間外労働を1か月の間に合計で20時間18分行った。
- 休日労働を1か月の間に2日(合計で16時間24分)行った。
- 深夜労働を1か月の間に合計で9時間40分行った。

▼

時間外労働の時間数は、20時間
休日労働の時間数を16時間
深夜労働の時間数を10時間

このような端数処理は適法

| この違反に対する罰則 | 6か月以下の懲役又は30万円以下の罰金 |

割増賃金を支払わなかった会社に対するペナルティー（付加金）

Q 会社が労働基準法に違反して、割増賃金を支払わない場合には、その未払金だけでなく、その未払金と同一額のペナルティー金を請求できると聞いたんですが、本当ですか？

A 本当です。労働基準法では、「会社が時間外労働・休日労働・深夜労働に対する割増賃金、解雇予告手当、休業手当、年次有給休暇中の賃金を支払わなかった場合には、裁判所は労働者の請求により、これらの未払金のほか、これと同一額の付加金の支払を命ずることができる」としています。あなたが時間外労働・休日労働・深夜労働を行っているのに、会社がそれに対する割増賃金の支払いをせず、労使紛争となり裁判で争うことになった場合には、割増賃金の未払金だけでなく、この付加金の請求もできるわけです。

退職後でも未払いの賃金を請求できる

Q 私は自動車販売の会社に勤務していました。3か月前に、この会社を退職したのですが、この会社に入社してから退職するまでの間、かなりの時間外労働を行いました。ですが、すべてサービス残業であり、残業代を一度ももらったことがありませんでした。
すでに退職している私でも、過去の残業代をまとめて請求することはできるのでしょうか?

A 時間外労働・休日労働・深夜労働を行った事実があれば、退職した後でも、その割増賃金を請求することはできます。

ただし、賃金の請求権は時効が2年とされています。

時効消滅した部分は回収できません(会社が払ってくれるといえば別です)。そのため、未払いの割増賃金を全額回収することができない場合はあります。

なお、本来の支払期限に支払われていないわけですから、遅延利息も請求できます。

会社が営利会社など商人の場合は、年6%の割合で遅延利息が請求できます。

更に、あなたは、退職労働者ですから、賃金支払確保法の適用があり、退職日(退職日以後に支払期日が到来する賃金についてはその支払期日)の翌日から支払われる日までの期間については、年14.6%の遅延損害金を請求できます。

なお、賃金支払確保法とは、労働者に、賃金・貯蓄金・退職金がきちんと支払われるようにすることを目的とした法律です。

退職した場合は7日以内に賃金を支払ってもらえる

Q 私は会社を4月10日に退職しました。本来の賃金の支払日は4月30日なのですが、支払いをしなければいけない借金の期限が4月20日にあるので、早く会社から賃金を受け取りたいのです。会社から支払期日前でも賃金をもらうことはできますか？

A 労働基準法では、「会社は、労働者の死亡又は退職の場合において、権利者の請求があった場合においては、7日以内に賃金を支払い、積立金、保証金、貯蓄金その他名称の如何を問わず、労働者の権利に属する金品を返還しなければならない」としています。

ここでいう権利者とは、退職の場合は労働者本人をいい、死亡の場合は労働者の遺産相続人をいいます。

ですから、あなたは、会社に請求することで、7日以内に賃金を支払ってもらうことができます。もし、あなたの請求を会社が拒否すれば、それは労働基準法違反になります。

なお、退職金に関しては、会社は退職金規程に定められている支払期日までに支払えばよいとされており、請求日から7日以内に支払う義務はありません。

この違反に対する罰則	30万円以下の罰金

会社倒産で賃金が未払いの場合には、国から立替払いを受けられる

Q 私の勤めていた会社が倒産し、2か月分の賃金が支払われないまま退職をしました。このような場合の救済措置があると聞いたのですが本当ですか？

A 独立行政法人労働者健康福祉機構というところが、未払賃金立替払事業というのを実施しています。これは、会社が「倒産」し、賃金が支払われないまま退職した労働者に対して、その未払賃金の8割相当額を支払ってくれるというものです。

ここでいう「倒産」とは、以下の①から③をいいます。

① 破産の宣告を受け、又は特別清算開始の命令を受けたこと
② 再生手続開始の決定があったこと、更正手続開始の決定があったこと、又は整理開始の命令を受けたこと
③ 中小企業(資本金3億円以下又は常時使用労働者数300人以下など)の場合、その事業活動が停止し、再開の見込みがなく、かつ、賃金支払能力がないことが労働基準監督署長によって認定されたこと

ちょっと一言

未払賃金立替払事業の対象者

　未払賃金を受けることができるのは、以下①及び②に掲げる条件を満たす人です。
① 労災保険が適用され、1年以上の期間にわたって事業を行ってきた会社の退職労働者であること
② 破産等の申立日又は労働基準監督署の認定申請日の6月前の日から2年の間に退職した労働者であること

```
        破産申立
   6か月 ↓
 ├──────┼────────────────┤
            2年
              ↓
           この間に退職
```

立替払の対象となる賃金

　立替払の対象となるのは、定期賃金及び退職金であって、労働者の退職日の6月前の日から立替払の請求をした日の前日までの間に支払期日が到来している未払分です。
（賞与その他臨時に支払われる賃金、解雇予告手当などは立替払いの対象とはなりません）
　この対象となる未払賃金の8割に相当する額（年齢に応じた上限があり）が支払われます。

■**支給される立替払額の上限**

　支給される立替払額の上限額は、退職時の年齢に応じて、以下のとおりです。

退職時の年齢	上限額
30歳未満	88万円
30歳以上45歳未満	176万円
45歳以上	296万円

会社倒産で賃金が未払いの場合には、国から立替払いを受けられる

Q 私の勤めていた会社が倒産し、2か月分の賃金が支払われないまま退職をしました。このような場合の救済措置があると聞いたのですが本当ですか？

A 独立行政法人労働者健康福祉機構というところが、未払賃金立替払事業というのを実施しています。これは、会社が「倒産」し、賃金が支払われないまま退職した労働者に対して、その未払賃金の8割相当額を支払ってくれるというものです。

ここでいう「倒産」とは、以下の①から③をいいます。
① 破産の宣告を受け、又は特別清算開始の命令を受けたこと
② 再生手続開始の決定があったこと、更正手続開始の決定があったこと、又は整理開始の命令を受けたこと
③ 中小企業（資本金3億円以下又は常時使用労働者数300人以下など）の場合、その事業活動が停止し、再開の見込みがなく、かつ、賃金支払能力がないことが労働基準監督署長によって認定されたこと

ちょっと一言

未払賃金立替払事業の対象者

未払賃金を受けることができるのは、以下①及び②に掲げる条件を満たす人です。
① 労災保険が適用され、1年以上の期間にわたって事業を行ってきた会社の退職労働者であること
② 破産等の申立日又は労働基準監督署の認定申請日の6月前の日から2年の間に退職した労働者であること

```
          破産申立
    6か月    ↓
  ├──────┼──────────────────┤
              2年
              ↓
           この間に退職
```

立替払の対象となる賃金

立替払の対象となるのは、定期賃金及び退職金であって、労働者の退職日の6月前の日から立替払の請求をした日の前日までの間に支払期日が到来している未払分です。
(賞与その他臨時に支払われる賃金、解雇予告手当などは立替払いの対象とはなりません)
この対象となる未払賃金の8割に相当する額(年齢に応じた上限があり)が支払われます。

■支給される立替払額の上限

支給される立替払額の上限額は、退職時の年齢に応じて、以下のとおりです。

退職時の年齢	上限額
30歳未満	88万円
30歳以上45歳未満	176万円
45歳以上	296万円

第 2 章

賞与・退職金
でよくある違法行為

この章では、「賞与」と「退職金」についての労働者の権利と会社の義務、それとよくある違反行為などをあげていきます。

賞与の支給日前に解雇し、賞与を支給しないのは違法

私の会社の夏季賞与は、1月から6月までの勤務査定に基づき7月10日に支給されます。私は、この夏季賞与の支給日の1週間前に会社都合で解雇されました。会社の就業規則には、賞与は、その賞与の支給日に在籍する者にのみ支給する旨の規定（いわゆる支給日在籍要件）が定められております。この規定に基づき、私には賞与が支払われませんでした。
私としては、賞与の査定期間中は勤務していたわけですから、賞与の不支給は納得できません。法的にはどうなのでしょうか？

A 判例では、退職日を自ら選択できる自発的退職者の場合においては、賞与の支給日在籍要件を有効とし、賞与を支給しないことも適法としています。

しかし、裁判例・学説で分かれているところですが、多くの学説では、自ら退職日を選択できない定年退職者や会社都合に基づく整理解雇者に対して支給日在籍要件を適用するのは、公序良俗に反して無効であるとしています。つまり、あなたの場合は、支給日在籍要件が無効となり、賞与をちゃんと受ける権利が認められる可能性があります。

あなたは、賞与の支給について会社と交渉する余地は十分あると思います。

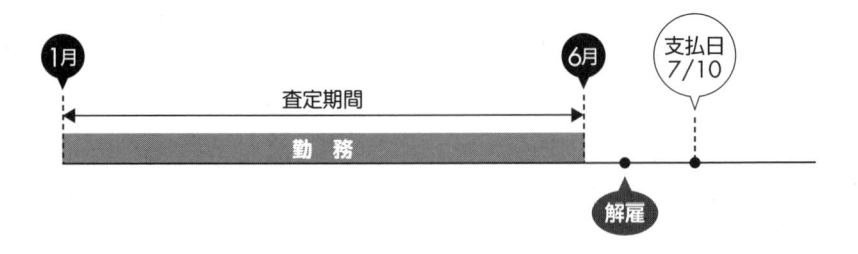

退職金制度がないのは違法？

Q 私の会社には退職金の制度がありません。これは法的には許されることなのでしょうか？

A 退職金制度は、会社が必ず実施しなければならないものではありません。もっぱら会社の裁量に委ねられているものです（恩恵的・任意的な給付）。

ただし、就業規則（退職金規程）、労働契約、労働協約などで、支給する旨と支給基準を設けている場合には、退職金の支給が契約内容となり、その契約上の支給基準にしたがった退職金を支払う義務を負うことになります。

この場合は、退職金も労働基準法の賃金としても扱われるので、労働基準法の規制も及んできます。

```
恩恵的な        退職金規程          \支払義務が発生/
給付     ‥‥▶  などに規定  ‥‥▶    賃 金
労働基準法の規制なし                労働基準法が規制
```

Q 退職金規程があるのに、会社が退職金を払わない場合は、労働基準法の違反にもなるということですか？

A そうです。退職金規程がある場合には、退職金も賃金となり、労働基準法の賃金に対する規定が適用されます。したがって、その退職金規程に従った退職金が支払われない場合は、労働基準法の賃金の全額払いの原則に違反することになるのです。

| この違反に対する罰則 | 30万円以下の罰金 |

> **ちょっと一言**
>
> **就業規則等に規定がない場合でも退職金の支払義務を負うことがある**
>
> 退職金規程を設けていない会社であっても、過去の退職者に対して基本給に勤続年数を乗じた金額の退職金を支払うことを行っており、入社時に退職金ありと説明しているような場合は、退職金支払いの労働慣行が存在していることを理由に、退職金の支払義務を負うことがあります。

労働契約で「退職金・賞与なし」と定めても無効

Q 私は正社員として採用されました。労働契約書には、「賞与・退職金なし」とされています。仕方がないと思っていましたが、就業規則を見ると正社員には、賞与も退職金も支給する旨が書かれていました。会社に聞いたところ、「従来からいる社員には就業規則通りに支払うが、今年から入社した社員には、契約書で定めた通り賞与・退職金はなしだ。」と返答されました。このような取扱いは法的にはどうなのでしょうか？

A 労働契約法では、「就業規則で定める基準に達しない労働条件を定める労働契約は、その部分は無効とする。そして、無効となった部分は就業規則の定める基準による」としています。就業規則に定められている労働条件は、その会社での最低基準であると考えられています。だからこそ、法は就業規則の内容を下回る労働条件を無効にしているのです。労働者は、就業規則で定める労働条件以上で働ける権利を有しているのです。

したがって、あなたの会社の就業規則が変更されていない限り、あなたの「賞与・退職金なし」の契約部分は無効になると思われます。つまり、あなたはその就業規則に従って、賞与・退職金の支払を会社から受けることができます。

会社が、これを支払わない場合は、労働基準法の賃金の全額払いの原則に違反することになります。

この違反に対する罰則	30万円以下の罰金

退職金が一方的に減額されてしまった

Q 私は営業部に所属していたんですが、他の会社へ転職するため退職しました。
私は知らなかったのですが、私が退職する2か月ぐらい前に、退職金規程が変更され、退職金算定の支給率が従来よりも低くなっていました。
この新しい規程に基づいて退職金が払われたため、従来の規程に基づいて計算した場合の退職金の額より、100万円ほど低い額となっています。
このようなことは納得できません。法的に許されるのでしょうか？

A 労働契約法では、「会社は労働者と合意することなく就業規則を変更することにより、労働者の不利益に労働条件を変更することはできない」としています。ただし、「変更後の就業規則を労働者に周知させ、かつ、その変更が合理的なものであるときは、不利益変更も認められる」ともいっています。

退職金規程も就業規則の一部です。退職金規程の変更で退職金の額を減らすということは、就業規則の不利益変更にあたります。

したがって、あなたの会社が変更後の退職金規程を労働者に周知させていない場合や、その変更に合理的な理由がない場合は、不利益変更は認められません。

つまり、その新規程は無効となり従来の規定に基づいた退職金をあなたは会社に対して請求できるのです。

特に賃金・退職金の不利益変更の場合は、労働者が被る不利益の程度が大きいことから、高度の必要性がないときには認めない傾向にありますので、従来の規程に従った退職金の請求が認められる可能性は高いと思います。

ちょっと一言

周知

「周知」とは、以下①②の方法などにより、労働者が知ろうと思えばいつでも就業規則の存在や内容を知り得るようにしておくことをいいます。

このように周知させていた場合には、労働者が実際に就業規則の存在や内容を知っているかどうかにかかわらず、「周知させていた」に該当します。

① 常時各作業場の見やすい場所へ掲示し、又は備え付けること
② 書面を労働者に交付すること

合理性の判断

合理的な理由があるかについては、基本的に以下の①から⑦などを総合的にみて判断されます。

① 労働者の受ける不利益の程度
② 労働条件の変更の必要性
③ 変更後の就業規則の内容の相当性
④ 労働組合等との交渉の経緯
⑤ 代償措置その他関連する他の労働条件の改善状況
⑥ 他の労働組合又は他の従業員への対応
⑦ 同種事項に関する社会における一般的状況

なお、従業員への説明が簡素であるとか、従業員に対して不誠実な対応をとった場合は、合理性が否定される可能性が高くなる傾向があります。

ライバル会社に転職したため退職金が払われない

Q 会社の退職金規程には、「退職後に同業他社へ就職した場合には、退職金を不支給にする」と定められています。
営業社員である私は、ライバル会社に引き抜かれ退職しました。会社は、退職金規程のこの条項に基づき、退職金を支払ってくれませんでした。
同業他社へ転職することは、前の会社からみて好ましいことではないのかもしれませんが、職業選択の自由もあるわけですから、一切退職金が払われないのは納得できません。このようなことは法的に許されるのでしょうか？

A 「退職後に同業他社へ就職する場合には、自己都合による退職金の半額を支給する」とする退職金規程を有効とし、退職金の減額を認めた判例があります。
しかし、退職金の全額不支給が許されるのは、在職中の功労を抹消してしまうほどの著しい背信性が認められる場合に限られると考えられており、同業他社へ転職したことのみをもって退職金を全額不支給とすることは許されないでしょう。あなたの場合、会社と交渉する余地は十分あると思います。

ちょっと一言

競業避止義務

　競業避止義務とは、勤めている会社と競合する業務を営まない義務をいいます。労働者は会社に在職している間は、就業規則や労働契約などによる明示がなくても、当然にこの義務を負います。
　しかし、退職後については、職業選択の自由もあることから、明確な合意又は就業規則に定めがある場合に、この義務を負うこととなります。

懲戒解雇でも退職金がもらえることはある

　退職金規程に、懲戒解雇の場合には退職金の全額不支給あるいは一部減額を定める条項があったとしても、この条項を有効に適用できるのは、(全額不支給の場合は)功労をすべて抹消、(一部不支給の場合は)功労を減殺してしまうほどの著しく信義に反する行為がある場合に限ると考えられています。
　したがって、懲戒解雇が有効とされても、退職金の全額不支給が認められないことがあるのです。

会社から「退職金を返せ」と言われている

Q 私は、上司との人間関係を理由に会社を退職したのですが、先日、その会社から連絡があり、「経歴詐称が判明したので、自己都合退職ではなく、懲戒解雇にする。」と言われ、更に、「懲戒解雇だから退職金を返還してくれ。」とも言われました。
私は、確かに経歴についてウソをついていました。ただ、退職金を返還するのは納得がいきません。法的にはどうなのでしょうか？

A あなたの経歴詐称が、そもそも懲戒解雇事由に該当する程のものかはさておき、少なくとも、いったん自己都合で退職した者を、その後に懲戒解雇事由が判明したからといって、さかのぼって懲戒解雇にすることはできないと考えられています。

したがって、あなたの会社の退職金規程に、「懲戒解雇の場合には、退職金を支給しない」といった規定があったとしても、あなたは懲戒解雇ではないわけですから、退職金を返還する義務はありません。

しかし、あなたの会社の退職金規程に「退職後に懲戒解雇事由等の退職金の不支給事由が判明した場合には退職金は支給しない」旨の条項があり、あなたの経歴詐称が、本当に懲戒解雇事由に該当する程度のものであれば、返還義務を負うことになるでしょう。

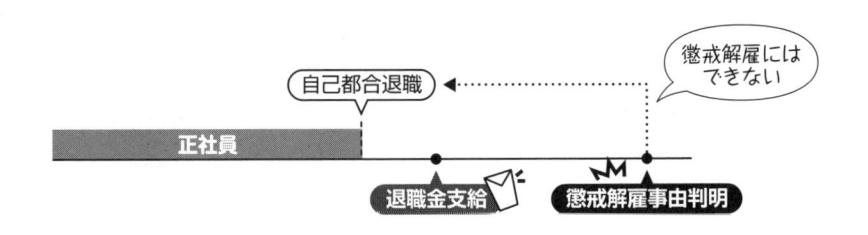

会社への損害賠償金を退職金で相殺されてしまった

Q 私は、家具販売会社の物流部に勤務していたんですが、留学するため退職したんです。留学費用の一部は、退職金をあてにしていました。ところが、在職時に私の発送ミスで会社に損害を与えたことがあるんですが、会社は、私に断りもなくその損害額相当の金額を差し引いて退職金を支払ってきたんです。このようなことは許されるのですか？

A そもそもあなたが損害賠償する義務を負っているのか、また、その差し引かれた損害額が適切な額であるかどうかはさておき、退職金規程によって退職金の支払を約束しているのであれば、退職金も労働基準法の賃金に該当するわけです。したがって、賃金の全額払いの原則が適用されますので、会社が一方的に損害賠償額をあなたの退職金から控除することはできません。これを行えば労働基準法違反となります。

あなたは、会社に対して退職金の全額を請求できます。

ただし、あなたの会社が労働者代表と賠償金について相殺できる旨の労使協定を締結している場合には、退職金からの控除は違法なものとはならなくなるでしょう。

この違反に対する罰則	30万円以下の罰金

退職金の請求はいつまでできるのか

Q システムサービス業を営む会社の業務部に所属していた私は、会社を退職してから1年が経過しています。ただ、この会社からの退職金が不当に減額されていたようなのです。本来の退職金額との差額部分の請求を今からでもできるのでしょうか？

A 退職金の請求権は、時効が5年間とされています。したがって、例えば退職金規程で、「退職金は退職の日から1か月以内に支払う。」と定められている場合には、その支払期日の翌日から起算して5年経過するまでは、退職金の請求ができます。

　あなたは、退職金の請求権がまだ消滅していませんので、未払い部分の請求をすることは可能です。また、遅延利息も請求できます。

第3章

労働時間・休憩・休日

でよくある違法行為

この章では、「労働時間・休日・休憩」についての労働者の権利と会社の義務、それとよくある違反行為などをあげていきます。

協定した時間を超えて残業させるのは違法

Q 私は、出版会社に勤めています。うちの会社はとにかく忙しく、ほとんど毎日、午後10時以降まで残業をしています。時間外労働に対する割増賃金も適正に払われていないと思いますが、そんなことより、もう少し残業を減らしてほしいのです。
長時間労働に対する法律上の規制はないのでしょうか？

A 労働基準法では、「労働者を1日8時間、1週40時間を超えて働かしてはならない」としています。つまり、労働時間は最長でも1日8時間・1週40時間としているのです。これを法定労働時間といい、この法定労働時間を超えて働くことを時間外労働といいます。

　時間外労働を行わせることは原則禁止されていますが、例外として、会社と労働者代表との間で時間外休日労働協定(通称36協定)を締結し、それを労働基準監督署へ届け出ている場合には、これを行わせることが許されます。

　ただし、36協定には時間外労働の限度時間を定めることとされています。そして、この限度には、以下のように基準が定められており、この基準を超えて36協定を締結してはいけないことになっています。

　例えば、1か月あたりの時間外労働の基準が45時間になっているので、36協定で時間外労働の限度は1か月あたり45時間と協定したとします。

　それにもかかわらず、実際には45時間を超えて時間外労働を行わせた場合には、労働基準法違反になります。

　つまり、36協定を締結していれば、それで無制限に時間外労働を行わせることができるわけではないのです。

　あなたの会社は、恒常的に長時間の時間外労働を行わせているみたいですから、36協定で定める限度時間を超えているでしょう。労働基準法違反です。

※この例外は労働基準法　第三十六条に定められているので、36協定という。

■時間外労働の基準

期　間	上限時間
1週間あたり	15時間
2週間あたり	27時間
4週間あたり	43時間
1か月あたり	45時間
2か月あたり	81時間
3か月あたり	120時間
1年間あたり	360時間

　なお、時間外労働を行わせた場合には、会社は割増賃金を支払わなければなりません。

この違反に対する罰則	6か月以下の懲役又は30万円以下の罰金

ちょっと一言

36協定

　労働者に時間外労働や休日労働を適法に行わせるために要求される労使協定であり、正確には、その事業場の労働者の過半数で組織する労働組合があればその労働組合、このような労働組合がない場合は、労働者の過半数を代表する者と会社との書面による協定をいいます。

特別条項付36協定

　特別の事情が生じたときに限り、限度時間を超えて労働時間を延長することができる旨の条項(特別条項という)を36協定に設けている場合には、その特別の事情が生じた時に限度時間を超えて残業させることが可能になります。ただ、ここでいう特別の事情とは、臨時的なものに限るとされていますので、特別条項を設けても恒常的に限度時間を超える残業を行わせることはできません。

法定労働時間の特例

　商業、映画演劇業(映画の製作の事業を除く)、保健衛生業、接客娯楽業の会社で、労働者が常時10人未満であるものについては、週の法定労働時間は44時間とされています。

研修・教育の時間は労働時間

Q 私は電気機器会社の製造部に勤務しています。うちの会社は、毎週火曜日に通常業務が終わった18時から、製造部の社員を対象に品質管理に関する勉強会を実施しています。勉強会といっても出席は強制されますし、通常業務が終わっていない者は、一旦、この勉強会のために仕事を中断し、勉強会終了後に仕事を再開します。そして、会社はこの勉強会の時間は労働時間に当たらないとして残業代を支払っていません。これは法的にはどうなのですか？

A 教育訓練、研修等のいわゆる社員教育で、業務命令により参加が強制されている場合は、その社員教育の時間も労働時間に該当します。あなたの会社の場合は、勉強会と呼んでいるようですが、職務内容に関する教育であり社員教育です。そして、出席を強制しているようですから労働時間にあたります。したがって、その勉強会の時間を含めてその日の労働時間が8時間を超えるのであれば、時間外労働になりますので、36協定を締結していなかったり、割増賃金を支払っていないのであれば、労働基準法違反になります。

なお、会社が実施する教育訓練・研修であっても出席の強制がなく自由参加のものであれば、労働時間とはなりません。

この違反に対する罰則	6か月以下の懲役又は30万円以下の罰金

> **ちょっと一言**
>
> ### 任意参加の研修
>
> 　教育訓練などを会社内では行わないで、他の教育機関、訓練機関が行う教育訓練などに労働者を出席させる場合でも、これら外部の教育訓練への参加が会社の命令により行われた場合（労働者の義務である場合）は労働時間になります。
> 　しかし、会社が単に受講の便宜を図るにすぎず、労働者がこれに参加するかどうかの自由を有する場合は、労働時間とはされません。

Q 私の会社では、宅建の資格を取得することが係長への昇進条件になっています。
会社は社員の資格取得を支援するため、試験前の1か月間だけですが、毎週土曜日に宅建の講師を呼んで勉強会を開いてくれています。これは自由参加ではあるのですが労働時間になるでしょうか？

A 一定の資格を得ることが昇進の条件となっており、その資格取得を容易にするための教育訓練であっても、参加が強制されず自由参加であるならば、その教育訓練の参加時間は労働時間とはされません。

> **ちょっと一言**
>
> ### 安全衛生教育
>
> 　労働安全衛生法では、「会社は、労働者を雇い入れた場合や、労働者の作業内容を変更した場合は、安全衛生教育を行わなければならない」としています。この安全衛生教育は、労働者がその業務に従事する場合の労働災害を防止するため、事業者の責任において実施されなければならないものであるため、その実施に要する時間は労働時間とされます。

警備業・ビル管理業などの仮眠時間は労働時間

Q 私は警備会社に勤務しています。ビルの夜間警備を行う時には、仮眠室で4時間の仮眠をとることができるのですが、ただ、仮眠時間中であっても警報がなったり、電話があれば対応しなければいけませんし、異常事態が発生すれば当然駆けつけなければなりません。ですから、結局ほとんど眠ることはできません。しかし、この仮眠時間は労働時間とはされず、この時間に対する賃金が払われていません。これは法的にはどうなのでしょうか？

A 建物の管理・警備業務には、夜間に仮眠時間が含まれることがありますが、仮眠時間中、仮眠室における待機と警報や電話等に対して相当の対応を義務づけられている場合には、労働から解放されていませんので、仮眠時間も労働時間になります。ですから、あなたの会社は、この仮眠時間を含めて労働時間の算定をし、それが法定労働時間を超えるのであれば、36協定の締結・届出と割増賃金の支払いをしなければならないのです。

これを行わない場合は、労働基準法違反となります。

この違反に対する罰則	6か月以下の懲役又は30万円以下の罰金

ちょっと一言

手待時間

　小売店の店員が顧客を待っている時間・貨物の積込係が貨物自動車の到着を待機して身体を休めている時間、運転手が2名乗り込んで交替で運転に当たる場合において運転しない者が助手席で休息・仮眠している時間、昼食休憩中に来客当番をやらされている時間など、作業等は行っていないが労働から解放されていない時間を手待時間といいます。
　これは労働時間に当たります。

健康診断に要する時間

　労働者一般に対して行われる、いわゆる一般健康診断は、一般的な健康の確保を図ることを目的として会社にその実施義務を課したものであり、業務遂行との関連において行われるものではないので、その受診のために要した時間については、労働時間とはされません。ただ、特定の有害な業務に従事する労働者について行われる健康診断(いわゆる特殊健康診断)は、事業の遂行にからんで当然実施しなければならない性格のものであり、その実施に要する時間は労働時間と解されています。

出　張

　出張の際の往復に要する時間は、労働者の日常の出勤に要する時間と同一性質であると考えられています。ですから、この所要時間は労働時間に算入されないと解されています。
　また、出張中に休日が含まれている場合、例えば、土、日、月曜日の3日間の出張で、日曜日は休日で移動はするが、業務は行わないといった場合に、その日は休日労働とされるのかという問題があります。
　出張中の休日はその日に移動をするなどの場合であっても、労働時間とはされず、休日労働にもなりません。しかし、その日に物品の監視等会社からの別段の指示がある場合には、休日労働とされる場合もあります。

営業マンの労働時間の算定を適切に行わないのは違法（社外で労働した場合のみなし制）

Q 私は情報通信業を営む会社のシステムエンジニアです。お客さんのところを回り、遅くなったときはそのまま自宅に直帰します。ただ、直帰した場合には、その日の労働時間は8時間とみなされて、残業代などは一切支給されません。お客さん回りをする日の仕事量はかなりのもので、誰がやっても10時間ぐらいはかかると思います。このように8時間とみなすといったことは許されるのですか？
（なお、私の会社の1日の所定労働時間は8時間となっています。）

A 会社は、労働者の労働時間を算定する義務を負っています。しかし、出張や外回りの営業のように労働者が社外で業務に従事した場合は、会社の具体的な指揮監督が及ばず、労働時間の算定が困難になる場合があります。労働基準法では、「労働者が社外で業務に従事し、その日の労働時間を算定し難いときは、実際に働いた時間に関係なく、その会社の所定労働時間、労働したものとみなす。ただし、一般的・平均的にみて、その社外での業務を遂行するのにどの程度の時間がかかるのか算出し、その時間（「通常必要な時間」という）が所定労働時間を超えるのであれば、その社外の業務に関しては、「通常必要な時間」、労働したものとみなす」としています（事業場外労働のみなし制という）。

したがって、まず、あなたの行った社外での業務遂行について、一般的・平均的にみて、どの程度の時間が必要なものか算出します。これがあなたの言う通り、仮に10時間であったとすると、あなたの会社の所定労働時間を超えているわけですから、この日は10時間の労働をしたものとみなさなければなりません。したがって、時間外労働になりますから、会社が割増賃金の支払いをしないのであれば労働基準法違反になります。

この違反に対する罰則	6か月以下の懲役又は30万円以下の罰金

ちょっと一言

通常必要な時間

「通常必要な時間」は、一般的・平均的にみて、その社外での業務遂行のためにどの程度の時間がかかるのかを算定した時間をいいますが、この「通常必要な時間」を、あらかじめ労働者代表と労使協定で締結しておくことが可能です。

１日の一部を社外で働いた場合の労働時間の算定

Q 午前中は社内で働き、午後から社外で業務に従事し直帰した場合のように、１日の一部の時間を社外で業務に従事し、その日の労働時間を算定するのが困難な場合にも、この事業場外労働のみなし制は使えるのですか？

A 労働者が１日の一部を社外で業務に従事した場合でも、結局その日の労働時間の算定が困難となる場合はあります。このような場合、会社は事業場外労働のみなし制による労働時間の算定を行うことができます。

　この場合は、社内で業務に従事した時間と社外での業務遂行に「通常必要な時間」を合計し、それが所定労働時間以下であれば、その日は所定労働時間労働したものとみなされます。この合計が所定労働時間を超えるのであれば、その日はその合計した時間を労働したものとみなされます。

　例えば、所定労働時間が８時間の会社で、社内での労働時間が２時間あり、その後社外で業務に従事し、その業務の遂行に「通常必要な時間」が５時間である場合には、合計時間は、２時間＋５時間＝７時間であり、所定労働時間の８時間以下であるため、この日は８時間働いたものとしてみなされます。

　逆に、所定労働時間が８時間の会社で、社内での労働時間が４時間あり、その後社外で業務に従事し、この業務の遂行に「通常必要な時間」が５時間である場合には、合計時間は、４時間＋５時間＝９時間であり、所定労働時間の８時間を超えているため、この日は９時間働いたものとしてみなされます。

　したがって、時間外労働になりますので、会社は割増賃金の支払いをしないのであれば労働基準法違反となります。

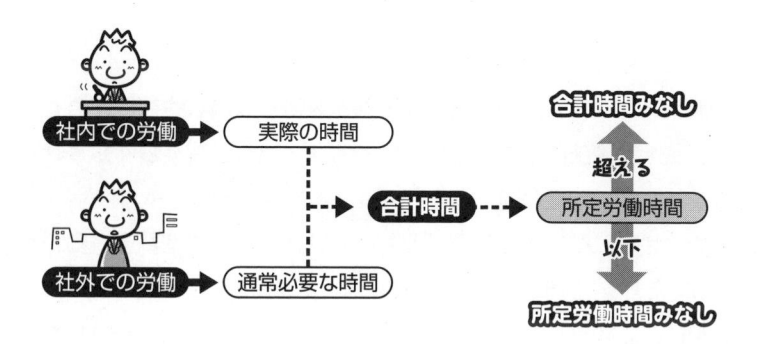

| この違反に対する罰則 | 6か月以下の懲役又は30万円以下の罰金 |

労働時間を算定し難い場合

　この事業場外労働のみなし制は、労働者が社外で業務に従事した場合に常に使えるというものではありません。社外で業務に従事し、会社の具体的指揮監督が及ばず労働時間算定が困難なときに限り、このみなし制を使うことができるのです。
　ですから、以下①から③のような場合には、会社の具体的な指揮監督が及んでおり、労働時間の算定が可能であるため、みなし制は使えません。実際の労働時間を把握する必要があります。

① 何人かのグループで社外の業務に従事する場合で、そのメンバーのなかに労働時間管理をする者がいる場合
② 社外で業務に従事するが、携帯電話などによって随時会社の指示を受けながら労働している場合
③ 会社より訪問先、帰社時刻等当日の具体的指示を受けたのち、社外で指示どおり業務に従事し、その後社内にもどる場合

営業・経理・総務などに専門業務型労働制は適用できない

Q 私は情報処理システムの分析、設計などを行っている会社に勤めています。私は営業部に所属しているのですが、いくら残業しても8時間の労働時間として扱われ、残業代が支払われません。
そこで、会社に聞いたところ、「うちの会社は専門業務型裁量労働制を採用しており、実際の労働時間に関係なく、8時間の労働をしたものとみなすことになっている。」と言われ、労使協定というのを見せられました。確かに、そこには「8時間とみなす」と書かれていましたが、このような制度は本当にあるのですか？

A 新技術の研究開発や放送番組のプロデューサーなど専門性の高い業務においては、時間配分を含めてその遂行方法を大幅に労働者自身の裁量に委ねざるを得ない場合があります。このような場合、会社が個別的に時間管理を行うことが困難であるため、労働基準法では、労働者が一定の専門的業務に従事した場合には、その労働者の実際の労働時間にかかわらず、あらかじめ労使協定で定めた時間、働いたものとみなすことを認めています（専門業務型裁量労働制という）。

しかし、この専門業務型裁量労働制を適用できるのは、労働者が一定の専門的業務（対象業務という）に従事した場合だけです。次頁の①から⑬の業務が対象業務とされており、この対象業務以外に従事する場合に、この制度を適用することはできません。

あなたの会社は、情報処理システムの分析、設計の業務に就く労働者に対して、専門業務型裁量労働制を適用することは可能ですが、あなたのように対象業務となっていない営業業務に従事している者について、この制度を使うことはできません。

①	新商品、新技術の研究開発等の業務
②	情報処理システムの分析、設計の業務
③	新聞、出版の事業における記事の取材、編集の業務等
④	デザインの考案の業務
⑤	放送番組等の制作の事業におけるプロデューサー等の業務
⑥	公認会計士、弁護士、建築士、不動産鑑定士、弁理士、税理士、中小企業診断士
⑦	コピーライター
⑧	システムコンサルタント
⑨	インテリアコーディネーター
⑩	ゲーム用ソフトウェアの創作
⑪	証券アナリスト
⑫	一定の金融商品の開発
⑬	大学における教授研究の業務(主として研究に従事するものに限る)

　したがって、会社はあなたの実際の労働時間を算定しなければならないのです。

　そして、時間外労働を行っている事実があれば、36協定の締結・届出をし、その時間外労働に対する割増賃金の支払をしなければなりません。これを行っていないのであれば、労働基準法違反となります。

　なお、例えば、数人でプロジェクトチームを組んで開発業務を行っている場合で、チーフの管理の下で業務を遂行し時間配分が行われている場合など、対象業務に従事している場合であっても、業務の遂行をその労働者の裁量に委ねていないときには、この制度は適用できません。

　また、研究開発のプロジェクト内の労働ではあるが、業務に付随する雑用、清掃のみを行う者・研究開発業務に従事している者を補助する助手などにも、裁量労働制は適用できません。

| この違反に対する罰則 | 6か月以下の懲役又は30万円以下の罰金 |

労使協定がない場合は専門業務型裁量労働制は採用できない

Q 私の会社は出版社であり、私はそこで編集の業務に従事しています。時間外労働を行っても一切、残業代が払われないので、総務部に聞いたところ、「出版事業での編集業務は専門業務型裁量労働制の対象業務になっており、この制度が適用されるので残業代を支払う必要はない。」と返答されました。本当に、編集業務というだけで、この制度が適用されてしまうのですか？

A 専門業務型裁量労働制は、対象業務(71頁参照)に従事する労働者に対し、当然に適用されるものではありません。

　専門業務型裁量労働制を適用するためには、会社と労働者代表との間で労使協定を締結するか、労使委員会を会社内に設置して、その委員会で所定の事項について決議をしなければなりません。

　そして、この労使協定を労働基準監督署に届け出なければなりません(労使委員会の決議により採用する場合は、決議の届出は不要)。

　この労使協定の締結等の手続きをとっていない場合は、たとえ対象業務に従事している労働者であっても、専門業務型裁量労働制を使うことはできません。

　あなたの会社がこの手続きをとっていないのであれば、あなたの実際の労働時間を算定し、時間外労働を行っている事実があれば、36協定の締結・届出、割増賃金の支払をしなければなりません。これを行っていないのであれば、労働基準法違反となります。

この違反に対する罰則	6か月以下の懲役又は30万円以下の罰金

企画業務型裁量労働制は拒否できる

Q 私は、人事部に所属している勤続10年の会社員です。先日、上司から、現在の人事制度の問題点やその在り方等について調査・分析を行い、新たな人事制度を策定するように命令されました。このような業務に従事することは構わないのですが、人事部長より「この業務に従事しているときは、企画業務型裁量労働制を適用するので、実際の労働時間にかかわらず1日9時間の労働時間とみなし、1時間分の残業手当を支給することになる。」と言われ、これの同意を求められました。
私は残業が1時間で済むはずないと思っています。つまり、サービス残業が増えてしまうと考えています。ですからこの制度の適用を拒否したいのですが、可能ですか？

A 労働基準法では、事業運営に影響を及ぼす企画・立案・調査・分析の業務（対象業務）に従事させる場合には、実際の労働時間にかかわらず、あらかじめ労使委員会で決議した時間、働いたものとみなすことを認めています（企画業務型裁量労働制という）。

ただ、企画業務型裁量労働制を適用できるのは、やはり、対象業務に従事する場合だけです。

あなたが命じられた業務は、この制度の対象業務に該当すると思います。

しかし、労働者の同意がない場合には、この制度を適用できないことになっています。そして、会社は労働者が同意をしなかったことを理由に、解雇などの不利益な取扱いをしてはいけないことになっています。

ですから、あなたは、この制度で働くことが不適切で納得いかないのであれば、拒否することが可能です。

なお、対象業務に従事する場合であっても、対象業務を適切に遂行するための

知識・経験を有していない労働者(新入社員など)には、企画業務型裁量労働制を適用することはできません。

企画業務型裁量労働制の採用条件

　この制度を採用するためには、会社内に労使委員会を設置し、その委員会で所定の事項について決議をしなければなりません。そして、この決議を労働基準監督署に届け出なければなりません。

　企画業務型裁量労働制は、専門業務型裁量労働制とは違い労働者代表との労使協定を締結することでは採用できません。

裁量労働制を理由に割増賃金を支払わないのは違法

Q 私の会社では、研究開発職の主任以上を対象に、専門業務型裁量労働制を適用しています。この制度の対象となる労働者には、長時間労働をしても、深夜労働をしても、それに対する時間外労働や深夜労働の割増賃金が支払われません。このような扱いは正しいものなのでしょうか？

A 裁量労働制には、専門業務型裁量労働制と企画業務型裁量労働制の2種類がありますが、いずれにしろ、実際の労働時間数にかかわらず、労使協定又は労使委員会の決議で、あらかじめ定めた時間、働いたものとみなすという制度です。

例えば、労使協定又は労使委員会の決議で、対象業務に従事した場合の1日の労働時間を、8時間と定めた場合には、実際に働いた時間が9時間であっても、その日は8時間の労働をしたものとされます。したがって、この日については、会社は、時間外労働の割増賃金の支払いをしなくても労働基準法違反とはなりません。

ただ、裁量労働制は、労働時間の算定について、みなし処理を行うことを許容するだけのものです。つまり、裁量労働制が採用されていても、労働基準法の深夜業の規定などは適用されますので、会社は、対象労働者が深夜労働を行った場合には、それに対する割増賃金を支払わなければならないのです。

また、労使協定又は労使委員会の決議で、対象業務に従事した場合の1日の労働時間を9時間とした場合には、その日は9時間働いたものとみなすわけです。時間外労働にあたりますので、36協定が必要になりますし、割増賃金の支払も必要になります。

会社がこれらを行わないのであれば、労働基準法違反となります。

この違反に対する罰則	6か月以下の懲役又は30万円以下の罰金

変形労働時間制を理由に残業代を支払わないのは違法

> うちの会社は、毎月第4週と第5週が忙しくなり労働時間が長くなります。ただ、残業しても残業手当が支給されないので、会社に聞いてみたところ、「うちの会社は変形労働時間制を採用しているため、いくら残業しても時間外労働にはならない。したがって残業代も払っていない。」と返答されました。本当に変形労働時間制というものを採用すれば、会社は残業代を払わなくもいいのですか?

A 変形労働時間制とは、一定の期間を単位とし、その単位期間中の法定労働時間の総枠以下の範囲で、各日・各週の所定労働時間の設定をし、その設定した通り働かせた場合には、法定労働時間を超えたという扱いにならない制度です。

例えば、4週間を単位として、そして第4週が忙しい会社がこの変形労働時間制を採用する場合は、まず、単位期間の法定労働時間の総枠を算定します。

<u>40時間×4週＝160時間</u>となります。

この160時間の範囲で、各日・各週の所定労働時間の設定をします。

第4週が忙しいことが事前にわかっているわけですから、第4週の所定労働時間を46時間と長く設定、そのかわり第1週から第3週までの労働時間を38時間と設定したとします。

(38時間＋38時間＋38時間＋46時間＝160時間)

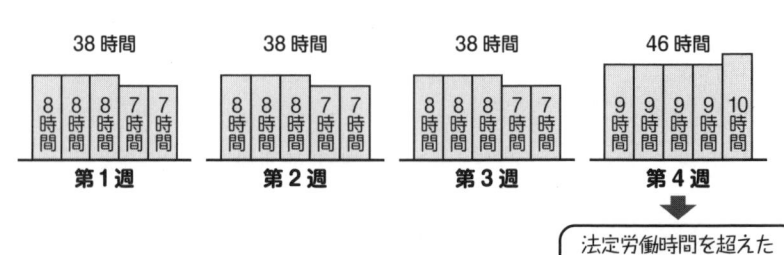

38時間	38時間	38時間	46時間
8時間 8時間 8時間 7時間 7時間	8時間 8時間 8時間 7時間 7時間	8時間 8時間 8時間 7時間 7時間	9時間 9時間 9時間 9時間 10時間
第1週	第2週	第3週	第4週

第4週 → 法定労働時間を超えたとの扱いはしない

この設定した通りに労働させている場合は、法定労働時間を超えたという扱いになりません。つまり、時間外労働とはなりませんので、割増賃金の支払いが必要なくなります。

　このように、業務の都合に合わせて効率的に時間配分をしておく制度が変形労働時間制なのです。

　しかし、変形労働時間制が採用されていても、その単位期間の法定労働時間の総枠を超えて働かせている場合は、時間外労働になります。

　例えば、4週間単位の場合は法定労働時間の総枠が160時間なわけですが、設定した労働時間を超えて働かせたため、4週間での実際の労働時間が170時間となった場合は、法定労働時間の総枠を10時間オーバーしています。したがって、この10時間は時間外労働となり、割増賃金を支払わなければなりません。支払わないのであれば、労働基準法違反となります。

　変形労働時間制を採用しているから、それで一切、時間外労働の割増賃金が不要になるわけではないのです。

この違反に対する罰則	6か月以下の懲役又は30万円以下の罰金

ちょっと一言

変形労働時間制の採用条件

　単位となる期間を1か月以下にする場合には、労使協定又は就業規則に、単位期間中の各日・各週の所定労働時間を定めることで採用できます。

　単位となる期間が1か月を超え1年以下である場合は、労使協定に単位期間中の各日・各週の所定労働時間を定めることで実施できます。

　このように単位期間における各日・各週の所定労働時間は、労使協定等であらかじめ特定する必要があります。会社が業務の都合により、その都度、所定労働時間を自由に変更できる制度ではありません。

　単位期間の長短にかかわらず、この変形労働時間制を採用するための労使協定は、労働基準監督署へ届け出なければなりません。

> **ちょっと一言**
>
> ### 1週間単位の非定型的変形労働時間制
>
> 　通常の変形労働時間制は、あらかじめ、労使協定や就業規則で単位期間の所定労働時間を設定しなければならないものです。
>
> 　小売業、旅館、料理店、飲食店といった業種は、日ごとの業務に著しい繁閑の差が生じることが多く、その業務の繁閑が定型的に定まっていない事業です。ですから、あらかじめ業務の繁閑にあわせて所定労働時間を設定するのが難しいため、通常の変形労働時間制では、うまく対応することができないわけです。
>
> 　そこで、労働基準法では、これらの業種で常時30人未満の労働者を使用する会社については、
>
> 　その週の労働時間が40時間以内であれば、1日に**10時間**まで労働させても法定労働時間を超えたという扱いにしない。つまり、時間外労働とは扱わないとしています（これを1週間単位の非定型的変形労働時間制という）。
>
> 　この制度を採用するためには、労働者代表と労使協定を締結し、労働基準監督署への届出が必要です。これが行われていない場合は採用できません。

フレックスタイム制を理由に残業代を支払わないのは違法

> 私の会社では、1か月を清算期間とするフレックスタイム制が採用されています。
> このフレックスタイム制で働く社員の場合、清算期間中の労働時間がいくら長時間になっても残業代が払われません。
> フレックスタイム制で働く労働者には、残業代は支払われないものなのでしょうか？

A フレックスタイム制とは、簡単に言えば、清算期間中の総労働時間を決めておき、その時間を働くことを条件に各日の始業と終業の時刻を労働者が決められるという制度です。

このフレックスタイム制が採用されているからといって、労働基準法の割増賃金の規定が除外されるわけではありません。つまり、フレックスタイム制が採用されている場合も、労働者が時間外労働・休日労働・深夜労働を行えば当然、会社は割増賃金を支払わなければならないのです。支払っていない場合は、労働基準法違反となります。

では、フレックスタイム制の場合は、どのような時間が時間外労働になるのでしょうか。確かに、フレックスタイム制で働く労働者の場合は、ある特定の日や週に8時間・40時間を超えて働いたとしても、直ちに時間外労働という扱いにはなりません。

フレックスタイム制を採用する場合には、清算期間を労使協定に定めなければなりませんが、その清算期間の法定労働時間の総枠を超えて働いた場合に、その超える時間が時間外労働になります。

例えば、1か月間を清算期間とした場合、その月が30日の月であれば法定労働時間の総枠は171時間25分、31日の月であれば177時間8分、28日の月であれば160時間になります。

30日の月に実際に働いた時間が191時間25分であった場合は、20時間が時間外労働となります。会社はこの時間外労働について、割増賃金を支払わなければならないのです。

　フレックスタイム制を採用しているから、それで一切、時間外労働の割増賃金が不要になるわけではありません。

この違反に対する罰則	6か月以下の懲役又は30万円以下の罰金

ちょっと一言

フレックスタイム制の採用条件

　フレックスタイム制を採用するには、始業及び終業の時刻を労働者の決定に委ねる旨を就業規則で定める必要があります。更に、労働者代表との労使協定を締結しなければなりません。これが行われていない場合は、フレックスタイム制は採用できません。

業務多忙を理由に休憩を与えないのは違法

Q 私は飲食店に勤めています。労働時間がかなり長時間であるにもかかわらず、いつも忙しいため、休憩をほとんどとることができません。お昼ご飯などは食べられないか、あるいは接客の合間に交替で、立って食べているぐらいです。店長に「従業員を増やして休憩ぐらいはとらせてくれ。」と言っても、人件費が増えることを嫌がり、一向にこの状況が改善されません。休憩は与えないことは法律的にはどうなのですか?

A 休憩時間とは、労働時間の途中に置かれた、労働者が労働から離れることを権利として保障された時間をいいます。労働基準法では、「労働時間が6時間を超える場合には少なくとも45分、労働時間が8時間を超える場合には少なくとも1時間の休憩時間を労働時間の途中に与えなければならない」としています。この規定は、会社の規模が小規模であろうが、どのような業種であろうが、原則として適用されます。

もちろん「業務多忙であることを理由に休憩を付与しなくてよい」といった例外などもありません。

あなたの労働時間が8時間を超えているのであれば、会社は、少なくとも休憩を1時間与えなければなりません。この休憩を与えないのであれば、それは労働基準法違反となります。

パートタイマー、アルバイト、派遣社員など、どのような雇用形態や名称であっても、労働基準法の労働者ですから、当然この休憩の規定は適用されます。

ただ、1日の労働時間が6時間以下の場合には、休憩を与えなくても労働基準法違反とはなりません。

この違反に対する罰則	6か月以下の懲役又は30万円以下の罰金

休憩規定の適用除外

i 運送・郵便事業の長距離（6時間を超える乗務のもの）乗務員や屋内勤務者30人未満の郵便局において郵便などの業務に従事する者などについては、休憩の規定が適用除外されているため休憩時間を与えないことができます。

ii 「賃金」のところで述べた以下の①から③の労働者についても、休憩の規定が適用除外されていますので、休憩を与えないことができます。

① 農業・畜産・水産業に従事する労働者
② 管理監督者・機密の事務を取扱う者
③ 監視又は断続的労働に従事する者で、会社が行政官庁の許可を受けたもの

休日労働に対する割増賃金を
支払わないのは違法

私の会社は、毎週土日が休日です。しかし、業務繁忙期にはこの土日とも出勤させられ、休みなく働くことがあります。忙しいので仕方がないと思いますが、休日労働をしても賃金が増えるわけではありません。社長に「休日労働手当を支給してほしい。」と言ったところ、「正社員には休日労働をしてもらうことを前提で給与を支払っているから、そのような手当は払えない。」と返答されました。これは仕方のないことなのでしょうか？

労働基準法では、「会社は、労働者に対して、毎週少なくとも1日の休日を与えなければならない」としています。この労働基準法で定める最低限度の休日を法定休日といい、その法定休日にも働くこと（つまり、1週間休みなく働くこと）を労働基準法では休日労働といっています。

あなたの会社のように1週間に休日を1日も与えないで働かせること（つまり、休日労働を行わせること）は、原則として労働基準法違反となります。

ただ、会社と労働者代表との間で時間外休日労働協定（36協定）を締結し、それを労働基準監督署へ届出をしている場合には、この休日労働をさせることが許されます。

しかし、この休日労働させた場合には、割増賃金を支払わなければなりません。

この休日労働の割増賃金は、1時間あたりの賃金額×休日労働時間数×1.35以上とされています。これを支払わないのであれば、やはり労働基準法違反となるのです。なお、休日労働が深夜に及んだ場合には、その時間帯については、1.6以上の割増率で計算した割増賃金を支払わなければなりません。

■休日労働

AM 9:00　　休憩1時間　　PM 6:00　　PM 10:00

　　　　　　　1.35　　　　　　　1.6

Q 週休2日制で、そのうちの1日だけを労働した場合には、休日労働とはならないのですか？

A ご質問の場合は、週1日の休日が確保されており、法定休日に労働させているわけではないので、労働基準法でいう休日労働に該当しません。したがって、会社は36協定を締結することなく、そのような労働を行わせることができますし、休日労働の割増賃金の支払いをしなくても労働基準法違反にはなりません。

しかし、法定外の休日に出勤した結果、その週の労働時間が40時間を超えるようであれば、時間外労働に該当しますので、時間外労働の割増賃金を払わなければ労働基準法違反となります。

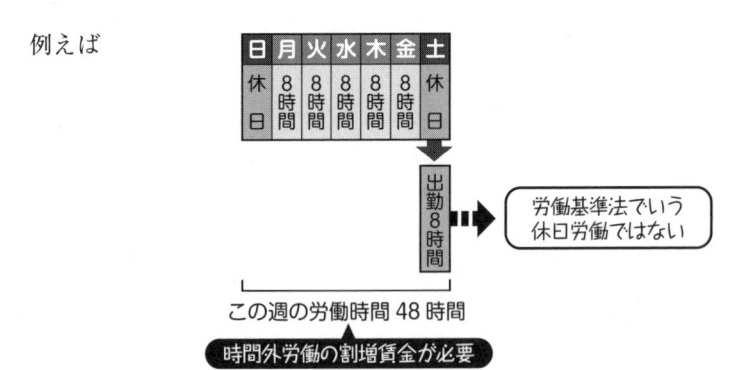

例えば

日	月	火	水	木	金	土
休日	8時間	8時間	8時間	8時間	8時間	休日

金曜→出勤8時間 ➡ 労働基準法でいう休日労働ではない

この週の労働時間 48時間
時間外労働の割増賃金が必要

この違反に対する罰則	6か月以下の懲役又は30万円以下の罰金

ちょっと一言

法定外休日の割増賃金

就業規則で、「所定の休日に労働した場合には、休日労働の割増賃金を支給する。」と定め、法定休日と区別することなく、休日労働の割増賃金を支払うことにしている会社が多数あります。このような定めをしている会社の場合は、法定外の休日労働であっても、その定めに従った割増賃金の支払いしなければなりません。

代休付与を理由に、休日労働手当を支払わないのは違法

Q 私は薬局に勤めていますが、他の従業員がいっぺんに2人も退職してしまいました。人員不足のため3週間ほど休みなく出勤しました。新しい従業員が入社したので、代休を取得していいと会社から言われました。ただ、会社より「代休を取得したら休日労働手当の支給はない。」と言われました。このような扱いは許されるのですか？

A 「代休」といわれる制度は、休日労働が行われた場合に、その代償措置として、以後の所定労働日の労働義務を免除し休ませるというものです。代休を与えたからといって、実際に行った休日労働が、休日労働でなくなってしまうわけではありません。

実際に行われた休日労働に対しては、休日労働の割増賃金を支払わなければならないのです。代休を与えたことを理由に、これを支払わないのであれば、労働基準法違反となります。

| この違反に対する罰則 | 6か月以下の懲役又は30万円以下の罰金 |

休日振替での時間外労働に割増賃金を支払わないのは違法

Q 私は物流センターでの業務に従事しています。大量の注文が入ることが度々あります。そのような場合には、会社から事前に、「今度の休日を労働日に変更したので出勤するように」との命令が出され、その代わりに他の労働日を休日に変更してくれます。
ちゃんと事前に休日の変更をしてくれるので助かります。ただ、休日出勤しているのに、割増賃金が払われません。これは法的にはどうなのでしょうか？

A あなたの会社のように、事前に休日と定められた日を労働日とし、その代わりに他の労働日を休日にすることを「休日振替」といい、「代休制度」とは区別されます。

　これは休日を労働日に変更して働かせるものであるため、原則として休日労働にはなりません。ただ、「休日振替」によって、その週の労働時間が40時間を超えることになれば、時間外労働になりますので、時間外労働に対する割増賃金を支払わなければなりません。これを支払わないのであれば、やはり労働基準法違反となります。

例えば

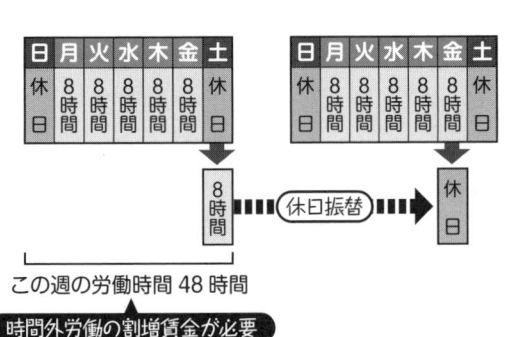

日	月	火	水	木	金	土
休日	8時間	8時間	8時間	8時間	8時間	休日

日	月	火	水	木	金	土
休日	8時間	8時間	8時間	8時間	8時間	8時間

土曜日「8時間」 ▶▶▶ 休日振替 ▶▶▶ 土曜日「休日」

この週の労働時間 48 時間
時間外労働の割増賃金が必要

| この違反に対する罰則 | 6か月以下の懲役又は30万円以下の罰金 |

第4章

年次有給休暇
でよくある違法行為

この章では、年次有給休暇について労働者の権利と会社の義務、それとよくある違反行為などをあげていきます。

年次有給休暇を認めない会社は違法

Q 私は、自動車整備を営む会社に正社員として働いています。年次有給休暇を取りたいと会社の上司に申し出たところ、「うちのような小さな会社には年次有給休暇などない。」と言われました。本当に小さな会社の従業員は年次有給休暇を取得できないのですか？

A 労働基準法では、「会社の規模や業種にかかわらず、労働者が6か月以上継続勤務し、かつ、その間の全労働日の8割以上出勤した場合には、年次有給休暇を取る権利（年休権）を取得する」としています。したがって、当然あなたも、この条件を満たしているのであれば、年休権を取得しますので、会社が年次有給休暇を認めないと言っても、年次有給休暇をとることができます。あなたが年次有給休暇を請求しているのに、会社がそれを拒否すれば、労働基準法違反となります。

| この違反に対する罰則 | 6か月以下の懲役又は30万円以下の罰金 |

ちょっと一言

継続勤務

　継続勤務とは、労働契約関係が存続していることをいいます。すなわち在籍期間をいいます。したがって、長期療養等のため休職とされている期間も、継続勤務として取扱わなければなりません。ただ、私傷病の療養のため会社を休んだ日は、出勤日にはなりませんので、出勤率8割以上の条件を満たせず、年休権が発生しないことはあります。

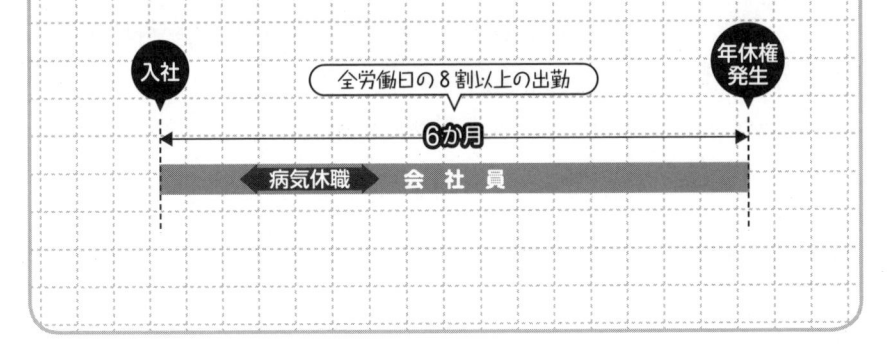

```
  入社                                              年休権
                  全労働日の8割以上の出勤            発生
   |←─────────── 6か月 ───────────→|
        [病気休職]    会 社 員
```

アルバイトの期間を継続勤務期間に通算しないのは違法

Q 私は警備会社でアルバイトとして3か月間働きました。この会社から「正社員として働かないか。」と誘われ、私はこの申出を了承し、正社員に身分が変更されました。
ところが、人事部から「正社員になってから6か月経過するまでは、年休権が発生しないので年次有給休暇は認められない。」との説明を受けました。私のアルバイトとしての勤務期間は継続勤務としては算入してもらえないのですか？

A 労働者が6か月以上継続勤務し、かつ、その間の全労働日の8割以上出勤した場合には、年休権を取得するわけです。

ここでいう継続勤務は実質的に判断されます。例えば、定年退職者を引き続き嘱託として同一事業場で使用している場合、あるいは退職金を清算した上でいったん全員解雇し、その直後に一部労働者を再雇用し事業を再開しているような場合には、実質的に労働関係が継続しているものと認められ、勤務年数を通算しなければなりません。

あなたのように、アルバイトであった者を正社員として引き続き働かせる場合も、単なる会社内での身分の変更であって、実質的に労働関係は継続していると認められますので、あなたのアルバイトの期間は継続勤務として通算しなければなりません。

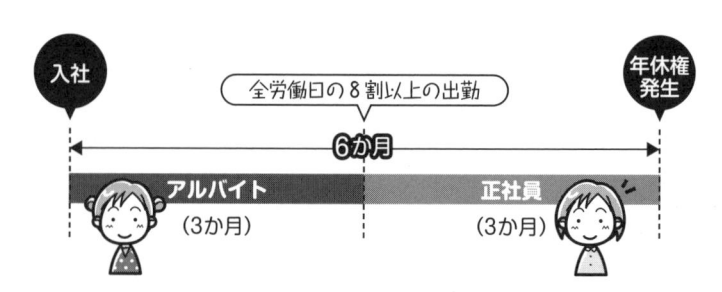

したがって、アルバイトとして入社したところから６か月経過し、その期間の全労働日の８割以上の出勤をしているのであれば、６か月経過した時に年休権が発生していますので、あなたが年次有給休暇を請求しているのに、会社がそれを拒否すれば、労働基準法違反となります。

この違反に対する罰則	６か月以下の懲役又は30万円以下の罰金

年休の付与日数を勝手に少なくすることはできない

Q 私の会社は年次有給休暇を認めてはくれるのですが、年間で4日までと限度を設けています。これは他社に比べてかなり少ないように感じますが、年次有給休暇の付与日数は会社が自由に決められるものなのですか？

A 全労働日の8割以上出勤した労働者については、採用後6か月経過した時に10日の年休権が発生します。その後は、勤続年数が長くなるに従い下記の図のとおりに年休権が発生します。

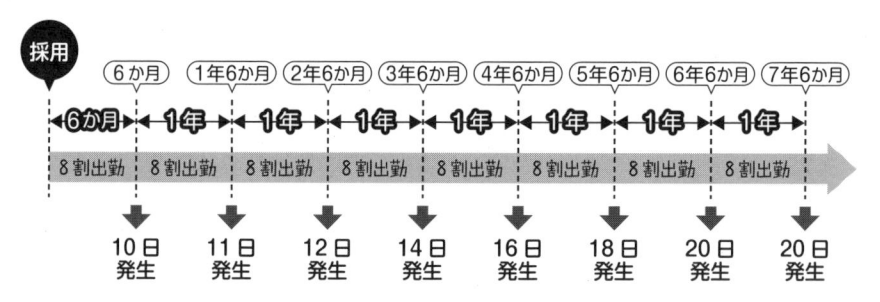

勤続年数	6か月	1年6か月	2年6か月	3年6か月	4年6か月	5年6か月	6年6か月以上
付与日数	10日	11日	12日	14日	16日	18日	20日

会社は、この労働基準法で定められている付与日数よりも少なくすることはできません。ですから、あなたの会社が年間4日を限度とし、それを超える年次有給休暇を認めず、労働者からの請求を拒否していれば、やはり労働基準法違反となるのです。

なお、労働基準法で定める付与日数よりも多く与えることは問題ありません。

この違反に対する罰則	6か月以下の懲役又は30万円以下の罰金

欠勤でも、出勤として扱わなければならない期間がある

Q 私は、業務上の負傷による療養のため会社を6か月間休業しました。休業期間中については、労災保険から休業補償給付が支給されていました。現在は、職場復帰しています。先日、両親の具合が悪いので、実家に帰郷するため年次有給休暇を請求したところ、会社から「今回、休業による欠勤で出勤率が8割未満となっているから年休権が発生していない。よって年次有給休暇としては認められない、欠勤として扱う。」と言われました。
私は本当に年次有給休暇を取得できないのでしょうか？

A 労働者が6か月以上継続勤務し、かつ、その間の全労働日の8割以上出勤した場合には、年休権を取得するわけです。

出勤の有無は現実に労務を提供したか否かによって判断されるのが原則ですが、労働基準法では、「以下の①から④の期間については出勤したものとして、この出勤率の算定をしなければならない」としています。

① 業務上の傷病による療養のため休業した期間
② 育児・介護休業期間
③ 産前産後の休業期間
④ 年次有給休暇を取得した日

したがって、あなたの業務上の負傷による療養のための6か月の休業期間は、出勤したものとみなして出勤率を算定しなければなりません。それで8割以上の出勤となれば、年休権が発生しますので、あなたの年次有給休暇の請求を会社が拒否すれば、労働基準法違反となります。

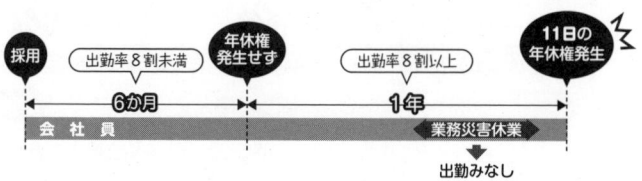

| この違反に対する罰則 | 6か月以下の懲役又は30万円以下の罰金 |

定年退職時で未消化の年休を消滅させるのは違法

Q 私は、定年退職後に再雇用され、嘱託として働いています。再雇用していただいたのは有り難いです。ただ、未消化の年次有給休暇が40日分ほど残っていたのですが、会社から「定年退職の時点で、未消化の年休権は消滅するから、再雇用後6か月経過するまでは、年次有給休暇は取得できない。」と言われました。これは法的には正しい扱いなのでしょうか？

A 退職した場合、その日以後は労働日がないわけです。つまり、休暇を取ることも、もう無いわけです。したがって、退職すると未消化分の年休権は消滅することになっています。また、未消化となった分を会社が買い取る義務もありません。

しかし、あなたのように、定年退職後に嘱託として再雇用された場合は、実質的に労働関係が継続しており、継続勤務として扱われますので、定年退職時で年休権は消滅しません。また、定年後に嘱託として勤務した期間と定年までの勤務期間を通算したものが、継続勤務期間となり、付与日数が算定されます。

つまり、会社は年次有給休暇の扱いについては、退職がなかったものと考えて処理をしなければならないということです。

あなたは、少なくとも40日分の年休権を持っているわけですから、年次有給休暇を請求できますし、もし、会社がそれを拒否すれば労働基準法違反となるのです。

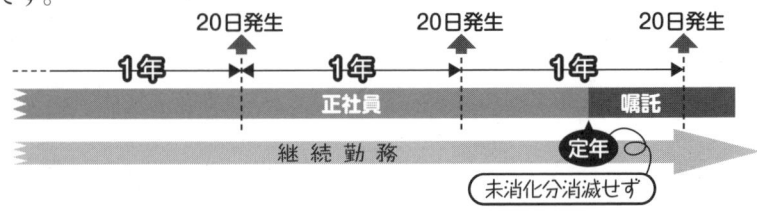

| この違反に対する罰則 | 6か月以下の懲役又は30万円以下の罰金 |

「年休なし」と契約しても、年休は取得できる

Q 私は、情報サービス業の会社に勤務しています。この会社から労働契約書を交付されているのですが、その中に、「年次有給休暇なし」と規定されています。私は、そんな扱いを出来るはずがないと思い、年次有給休暇を取得したいと申し出てみました。すると会社から「年次有給休暇なしということで契約しているわけだから、認めない。」と返答されました。私は、年次有給休暇をとれないのでしょうか？

A 労働基準法では、「労働基準法で定める基準に達しない労働条件を定める労働契約は、その部分は無効とする」としています。この規定は、労働基準法で定める労働条件は最低基準という位置づけであるため、それを下回る労働条件は、たとえ当事者が合意し契約していたとしても認めないという趣旨のものです。労働者は労働基準法で定める基準以上で働ける権利を持っているのです。

労働基準法は、年休権の発生条件を満たした労働者については、年次有給休暇を取る権利を保障しています。したがって、あなたと会社との労働契約書に定めてある「年次有給休暇なし」の部分は、労働基準法を下回る内容であるため無効になります。

ですから、あなたは発生条件さえ満たせば、当然に、年休権を得ますし、あなたの年次有給休暇の請求を会社が拒否すれば、労働基準法違反となるのです。

この違反に対する罰則	6か月以下の懲役又は30万円以下の罰金

年休を事前に買い上げて、年休を与えないのは違法

Q 私の会社では、労働基準法で規定されている通りに、年休権の発生を認めています。
ただ、営業部の社員については、年度初めに年休権が買い上げられ、一定の手当が支給されます。そのため営業部の社員は、年次有給休暇を取得し休むことができません。このような取扱いは法的にはどうなのでしょうか？

A 労働基準法では、「会社は、労働者からの請求があった場合には、年次有給休暇を与えなければならない」としています。つまり、実際に休暇を与えなければならないのです。

したがって、あなたの会社のように、年休権を事前に買い上げて、労働者からの請求があっても年次有給休暇を与えないという扱いは、労働基準法違反となります。

なお、退職時などに、未消化となった年休権を買い上げることは、年次有給休暇を与えない措置ではありませんので労働基準法違反にはなりません。

この違反に対する罰則	6か月以下の懲役又は30万円以下の罰金

いつを年休日にするかは、労働者が決められる

Q 私は、年次有給休暇の未消化分が20日ありましたので、退職日の直前の期間について、年次有給休暇の請求をしました。ところが、業務の都合上困るということで会社は拒否してきました。私は、会社を辞めるわけですから、他の日に年次有給休暇を取得することはできません。このようなことは許されるのですか？

A 労働基準法では、「会社は、年次有給休暇を労働者の請求する時季に与えなければならない。ただし、請求された時季に年次有給休暇を与えることが事業の正常な運営を妨げる場合においては、他の時季にこれを与えることができる」としています。

つまり、年休日をどの日にするかは、労働者が決めることができるのです。会社はそれに従って年次有給休暇を与えるのが原則です。ただし、労働者が請求してきたその日に年次有給休暇を与えると、事業の正常な運営が出来なくなる場合については、会社は、その日に年休を与えないで、他の日に変えて与えることができるのです（時季変更権という）。

しかし、この時季変更権は、他の時季に年次有給休暇を与えることができることを前提に認められているものです。したがって、労働者が退職時に未消化年休を一括指定する場合には、変更する日がないので、たとえ、事業の正常な運営に支障を来す場合であっても、時季変更権は行使できないことになっています。

例えば
● 未消化年休権20日

6月10日　　　6月30日 退職予定日

会社員　　　年休日として指定

年休を与えなければならない

あなたの指定した年次有給休暇を会社が拒否するのは労働基準法違反です。
　その労働者に退職日まで休まれると、どうしても困るというのであれば、会社としては、労働者に退職期日を延期してもらうなどの交渉をして対応するしかありません。

| この違反に対する罰則 | 6か月以下の懲役又は30万円以下の罰金 |

計画年休

　計画年休とは、労働者代表との労使協定で、その職場の労働者の全部あるいは一部の者の年休取得日をあらかじめ定めておく制度です。
　例えば、あらかじめ労使協定で8月11日・12日・13日は、従業員全員の年休取得日にすることを定めた場合、その会社の従業員は、この3日間について自動的に年休取得で休むことになります。
　年休取得日が労使協定で計画化された場合には、従業員はその分の年次有給休暇を他の時季を指定して取得することはできません。

年休日をどのように利用するかは労働者の自由

> うちの会社では、年次有給休暇を請求する場合、年休申込書を会社に提出しなければなりません。この手続きをすることは構わないのですが、この申込書には、年次有給休暇の利用目的を記入することになっており、この内容によっては、年次有給休暇が承認されないのです。私は友人と海外旅行に行くために年次有給休暇の請求をしたのですが、会社から「こんな理由での年次有給休暇は認めない。」と言われ、拒否されました。
> このような扱いは許されるのですか？

年休日をどのように利用するかは、会社の干渉を許さない労働者の自由とされています。ですから、そもそも利用目的の申告を義務づけたりするのは問題がある取扱いです。更に、あなたの会社のように、年次有給休暇の取得理由によって年次有給休暇を認めないなどの取扱いは、労働者が請求した時季に年次有給休暇を与えないわけですから、労働基準法違反となります。

なお、労働者がその日に年次有給休暇を取得すると、事業の正常な運営に支障がでてしまうため、会社が時季変更権を行使できる場合に、その労働者の年次有給休暇の取得理由によっては、この時季変更権の行使を差し控えてあげるために、利用目的を問うことは許されると考えられています。

この違反に対する罰則	6か月以下の懲役又は30万円以下の罰金

パートタイマーやアルバイトも年休を取得できる

Q 私は、近所のスーパーでパートタイマーとして働いています。うちの会社は、パートタイマーやアルバイトには年次有給休暇を認めていませんが、これは許されることなのでしょうか？

A パートタイマーやアルバイトも労働者です。労働基準法などの労働法は適用されます。したがって、年休権の発生条件さえ満たしていれば、当然に年休権が発生しますので、年次有給休暇の請求をしているのに会社がそれを拒否すれば、労働基準法違法となります。

ただ、以下の①又は②の労働者は、付与日数が通常の労働者よりも以下の表に示すように少なくなります（これを比例付与という）。

① 週の所定労働日数が4日以下で、かつ、週の所定労働時間が30時間未満である者
② 週以外の期間で所定労働日数が定められている場合には、1年間の所定労働日数が216日以下の者

週所定労働日数	1年間の所定労働日数	勤続年数						
		6か月	1年6か月	2年6か月	3年6か月	4年6か月	5年6か月	6年6か月以上
4日	169日から216日	7日	8日	9日	10日	12日	13日	15日
3日	121日から168日	5日	6日	6日	8日	9日	10日	11日
2日	73日から120日	3日	4日	4日	5日	6日	6日	7日
1日	48日から72日	1日	2日	2日	2日	3日	3日	3日

この違反に対する罰則	6か月以下の懲役又は30万円以下の罰金

1年間の契約社員も年休を取得できる

Q 私は契約社員として雇用され、1年間だけ臨時的に働くことになっています。私のように1年間しか働かない者でも、発生条件を満たせば、6か月継続勤務したところで、10日の年休権が発生するのですか？

A 契約社員であっても労働者であり、6か月継続勤務でその間の全労働日の8割以上の出勤をしたのであれば、法律上の条件を満たしているわけですから、当然に10日の年休権が発生します。あなたは年次有給休暇を請求することができ、それを会社が拒否すれば、労働基準法違反となります。

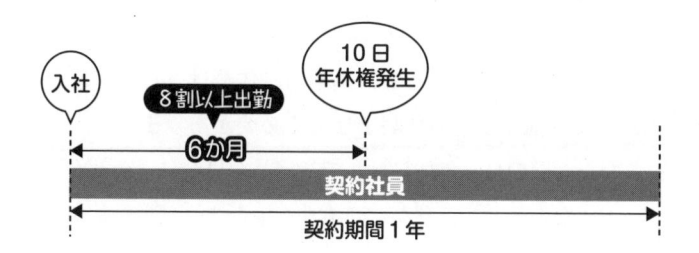

この違反に対する罰則	6か月以下の懲役又は30万円以下の罰金

年休日に緊急呼び出しされて、半日勤務した場合

> 私はIT系の会社に勤務しています。先日、年次有給休暇を請求し、会社に年休取得を認められました。ところが、その休暇当日に会社でトラブルが発生し、緊急で呼び出しを受けました。私でなければ処理できそうもなかったので仕方なく出勤しました。
> ただ、午前中でトラブル処理ができたので、そのまま帰宅しました。すると、会社は午後は休んだわけだから、この日を年休取得日として扱うと言ってきました。これは法的にはどうなのでしょうか？

A 緊急の必要があり、労働者を呼び出して出勤させた場合には、当然、その日は年次有給休暇を与えたことにはなりません。たとえ、その出勤した時間が所定労働時間の一部であっても、基本的に休暇は1日以下に分割することができませんので、別に1日の休暇を与える必要があります。

ですから、あなたが別の日を年休日として指定した場合に、会社が「年休は既に与えたから、認めない」とし、あなたの請求を拒否すれば労働基準法違反となります。

この違反に対する罰則	6か月以下の懲役又は30万円以下の罰金

年休日の賃金を基本給のみにするのは違法

Q 私は、実家の父の具合が悪くなってしまったので、年次有給休暇を10日ほど取得しました。年次有給休暇を認めてくれたのはいいのですが、その月の賃金月額をみると、欠勤していないのに、通常よりも低額になっていました。
経理部へ問い合わせたところ「年次有給休暇を取得した日については基本給のみの支給となり、調整手当や住宅手当などは支給対象とならないので、その分日割りで欠勤控除した。」と言われました。このような扱いは許されのでしょうか？

A 労働基準法では、「年休日の賃金については、平均賃金、所定労働時間労働した場合に支払われる通常の賃金、又は健康保険法の標準報酬日額に相当する金額のいずれかで支払わなければならない」としています。調整手当や住宅手当などを日割り計算して控除するなどの処置は認められていません。

あなたの会社は労働基準法に違反しています。

例えば　　　　＜10日の年休取得＞
●1日あたりの通常の賃金；**1万5千円**

（内訳）	基本給	1万円
	業務手当	2千円
	調整手当	2千円
	住宅手当	千円

業務手当2千円
調整手当2千円 }×10日分＝5万円（賃金月額から欠勤控除）⇒ **労働基準法違反**
住宅手当　千円

この違反に対する罰則	6か月以下の懲役又は30万円以下の罰金

未消化となった年休は翌年度に繰り越しできる

Q 私の会社では、その年度が終了すると、未消化の年休権はみな消滅するという扱いをしています。このような扱いは許されるのでしょうか？

A 年休権は2年間で時効消滅すると考えられています。したがって、その年度に消化されなかった年休権は、その年度の終了によって消滅せず、翌年度に繰り越されます。たとえ、会社が就業規則などで、繰り越しを認めない旨を規定していたとしても同様です。会社が繰り越しを認めず、年次有給休暇の請求を拒否すれば労働基準法違反となります。

例えば　Bさん

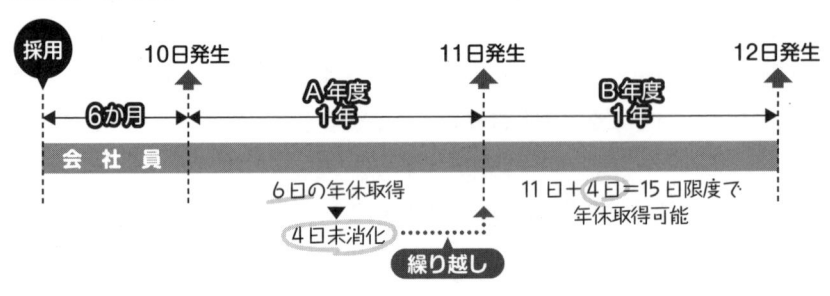

採用 — 6か月 — 10日発生 — A年度1年 — 11日発生 — B年度1年 — 12日発生

会社員

6日の年休取得
4日未消化
繰り越し
11日＋4日＝15日限度で年休取得可能

Bさんは、6か月継続勤務し10日の年休権を取得し、そのうち6日間の年次有給休暇を実際に取得したので、A年度終了時に4日の未消化分があるわけです。したがって、この4日は次の年度に繰り越しとなるため、B年度は新たに取得した11日の年休権と、この繰り越された4日を併せて15日間の年休権を持つことになります。

この違反に対する罰則	6か月以下の懲役又は30万円以下の罰金

年休を取得した労働者に不利益取扱いをするのは違法

Q 私は家具の製造販売を営む会社に勤めています。私の会社は、パートタイマーにも年次有給休暇を認めてはいます。ただ、パートタイマーが年次有給休暇を取得すると、その日を欠勤とみなして、精皆勤手当を不支給にしています。つまり、年次有給休暇を取得すると事実上賃金が減るわけです。このような扱いに納得がいきません。これは法的に許されるのでしょうか？

A 労働基準法では、「会社は、年次有給休暇を取得した労働者に対して、賃金の減額その他不利益な取扱いをしないようにしなければならない」としています。この規定に違反しても罰則はありませんが、年次有給休暇の取得者への不利益取扱いは、それが年休権行使を抑制し、ひいては年休権保障の趣旨を失わせるようなものであるならば、公序良俗に反して無効とされます。

したがって、あなたの会社のように、年次有給休暇の取得日を欠勤とみなし精皆勤手当を不支給にする取扱いは認められず、無効となるでしょう。

なお、判例上これまで無効とされた措置としては、年休取得日を昇給上の条件である出勤率の算定において欠勤日として扱ったこと、年休取得日を欠勤扱いとして賞与の算出を行ったことなどがあります。

> この違反に対する罰則はありません

第5章

配置転換
でよくある違法行為

この章では、「配置転換」について労働者の権利と会社の義務、それとよくある違反行為などをあげていきます。

会社の配転命令には従わなければいけないのか？

Q 労働者が一定期間同じところで働くと、会社から別の職種に従事するように命令が出されたり、別の事業所への転勤命令などが出されたりすることがありますが、そもそも会社はこれらの配置転換（配転）の命令をだす権利を持っているのですか？

A その会社の就業規則や労働協約に、業務の都合により従業員に配転を命じることができる旨が規定されている場合は、会社は配転命令権を有します。したがって、基本的に労働者は会社の配転命令に従わなければなりません。

ただし、会社に配転命令権があるからといって、どのような配転命令でも有効になるわけではありません。

国籍・宗教・社会的身分を理由とした配置転換は違法

Q 私は某宗教を信仰しています。別に隠していたわけではないのですが、先日、この事実を人事部が知ることになったのです。そうしたら、突然、営業部から工場勤務へ配置転換させられてしまいました。配置転換の理由を聞いたところ業務上の必要性があるからという回答でした。ただ、私には業務上の必要性があるとはとても思えません。某宗教の信者であることが原因で工場勤務に配置転換させられたと考えています。このようなことは許されのですか？

A 労働基準法では、「会社は、労働者の国籍、信条又は社会的身分を理由として、職場における労働者の待遇について差別的取扱いをしてはならない（均等待遇の原則という）」としています。信条には、宗教上の信仰が含まれますので、もし、あなたの言う通り、あなたの宗教上の信仰を理由として配置転換をしているのであれば、会社の行為は労働基準法の違反になります。

また、この先、会社があなたの宗教上の信仰を理由に、人事考課・昇給・賞与について不利益な取扱いをしてきたりすることが考えられますが、当然、そのような行為も労働基準法違反になります。

この違反に対する罰則	6か月以下の懲役又は30万円以下の罰金

現地採用社員は転勤命令を拒否できる

私は神奈川支店の現地採用社員であり、入社時に転勤がない旨の説明を受けました。また、これまで神奈川支店から他の支店へ転勤した者はいません。ところが、大阪支店に人員不足が発生したため、私にそこへの転勤が命じられました。私の会社の就業規則には、「業務の都合で転勤を命ずることがある。」とちゃんと定められているのですが、この転勤命令に従わなければいけないのでしょうか？

A 労働契約法では、「労働者及び会社は、その合意により、労働契約の内容である労働条件を変更することができる」としています。労働契約上、勤務場所が特定されている場合は、それは重要な労働条件であり、特定された勤務地の変更を、一方的な配転命令によって行うことはできません。その変更には労働者の同意が必要になります。

あなたのように、現地採用で転勤のない旨が明示され、かつ、転勤した者がいないという雇用慣行がある場合は、勤務地が特定されているものと考えられるので、転勤命令を拒否することは十分可能だと思います。

なお、一般に、本社採用の大卒幹部要員などは、特段の定めがない場合は、全国どの支店・営業所・工場などのどこにでも勤務する旨の合意が成立していると考えられています。

職種を限定して採用された者は、他の職種への配転命令を拒否できる

Q 私は某服装学院を卒業しデザイナーとして現在の会社に入社しました。ところがデザインの知識がある者を営業業務に従事させたいとの社長の考えにより、私に営業部への配転命令が出されました。確かに私の会社の就業規則には、「業務の都合で配転を命ずることがある。」とちゃんと定められていますが、私はデザイナーとして雇用されたわけです。営業部には行きたくありません。この配転命令には従わなければいけないのでしょうか？

A 労働契約上、職種が限定されている場合は、やはり、それは重要な労働条件であり、その職種の変更は一方的命令によってはできません。その変更には労働者の同意が必要になります。

あなたの場合は、デザイナーという職種に限定して労働契約が締結されているようですから、営業職への変更をあなたの同意を得ることなく行うことはできません。あなたは、営業職への配転命令を拒否することは可能だと思います。

ちょっと一言

職種限定ありと考えられる場合

職種が明示的に限定されていなくても、特殊な技術、技能、資格などに基づき専門的な仕事に従事している者については、職種の限定があると考えられることがあります。

労働契約の締結時には職種限定がされていなくても、長い間その職種に従事してきた者についても、その職種の限定があると解釈されることもあり得ます。

不当な目的でだされた配転命令は無効

Q 私は、東京本社に勤務していますが、先日、突然、福岡支店へ転勤を命じられました。なぜ、異動させられるのかがわからなかったので、上司に理由を聞いたところ、「よくわからんが、専務の批判をしているからではないか。」と言われました。確かに専務の批判をしたことはありますが、会議や同僚との話の中であり、転勤させられるほどのものではないと思います。このような転勤命令に従わなければならないのでしょうか？

A 労働契約法では、「労働者及び会社は労働契約に基づく権利の行使にあたっては、それを濫用してはならない」としています。したがって、会社は配転命令の権利があっても、それを無制約に行使できるものではなく、これを濫用することは許されないのです。

転勤命令が権利の濫用となるかどうかの判断は、基本的に以下の①から③の3つの要素で行われます。
①転勤命令につき業務上の必要性があるかどうか
②転勤命令が他の不当な動機・目的をもっているかどうか
③転勤することで労働者が負うことになる生活上の不利益の程度がどれくらいか

あなたの場合は、転勤理由が本当に専務批判のためだけであれば、業務上の必要性はないわけですし、不当な動機・目的で行われている可能性が高いわけですから、権利濫用で、あなたへの転勤命令は無効になる可能性が高いと思います。

ちょっと一言

業務の必要性

「適正に配置するため」、「業務の能率を増進させるため」、「やる気を引き出すため」、「業務運営の円滑化を図るため」など、会社の合理的運営に寄与する点があれば、「業務上の必要性有り」に該当すると考えられてます。

労働者が負うことになる生活上の不利益の程度

家庭に病人がいて、その労働者自身が看護しなければならず、その病状や施設状況から病院の変更が困難な場合などは、転勤により労働者が負うことになる生活上の不利益の程度が大きいため、権利の濫用として、配転命令が無効になる可能性は高いです。

育児・介護を行うものへの配慮義務

育児・介護休業法では、「会社は、労働者を転勤させる場合において、その転勤により子の養育又は家族の介護を行うことが困難となってしまう労働者がいるときは、その労働者の子の養育又は家族の介護の状況に配慮しなければならない」としています。

配慮することの内容としては、以下の①から③のようなものが例示としてあげられています。

① その労働者の子の養育又は家族の介護の状況を把握すること。
② 労働者本人の意向を斟酌すること。
③ 子の養育又は家族の介護の代替手段の有無の確認を行うこと。

配転命令を拒否した者に対する懲戒解雇

Q 私の会社の就業規則には、「業務の都合で転勤を命ずることがある。」とちゃんと定められています。私は、東京本社に勤務していましたが、静岡工場で欠員がでたので、転勤が命じられました。単身赴任になるのが嫌だったので拒否したところ、3日後に上司から「業務命令違反だから懲戒解雇にする。」と告げられました。このようなことが許されるのでしょうか？

A 「単身赴任になってしまう。」というだけでは、労働者が負うことになる生活上の不利益の程度が大きいとは考えられていません。したがって、あなたの場合は、おそらく転勤命令自体は有効なものではないかと思います。

ただ、懲戒解雇については、懲戒処分の相当性が考慮されてきますので、会社から赴任勧告や説得もなく、いきなり懲戒解雇というのであれば不当な解雇で無効となる可能性はあります。

なお、会社が転勤後の通勤所要時間や経路など、労働者がその転勤命令を受けいれるかどうかの判断をするための情報提供をしないで転勤を命じ、労働者がその命令を拒否したため懲戒解雇した事案で、性急すぎ、配慮を著しく欠くとし、権利濫用で解雇を無効にしている裁判例があります。

第 **6** 章

懲戒処分
でよくある違法行為

この章では、「懲戒処分」について労働者の権利と会社の義務、それとよくある違反行為などをあげていきます。

就業規則に載ってない懲戒処分は無効

Q 私の会社は社員10名ほどの零細企業です。先日、私は仕事中に職場の同僚と喧嘩をしてしまいました。私の方が先に手を出したということで、懲戒処分として平社員に降格させられることになりました。処分がされるのは仕方がないと思っています。ただ、うちの会社の就業規則を見ると、懲戒の種類に降格処分が規定されておりません。おそらく社長の判断で降格処分となったと思うのですが、これは法的にはどうなのでしょうか？

A 懲戒処分は、従業員の企業秩序違反に対し、会社によって課せられる一種の制裁罰です。懲戒処分を行うには、その事由と種類を就業規則等に明記して、労働契約の内容としておくことが必要であると解されています。つまり、就業規則などに規定されていない事由については、懲戒処分をすることはできないし、また、就業規則などに規定されていない種類の処分をすることもできないと考えられているのです。

　ですから、あなたの降格処分は、あなたの会社の就業規則に規定されていない種類の処分ですから、許されないものであり無効になると思います。

ちょっと一言

人事権の行使としての降格

　懲戒処分として役職を降格させるのではなく、人事権の行使として降格させる場合があります。従業員の誰を役職者にするのか、また、役職者の地位にあった者を業績不振や業務不適格などを理由に更迭するのかは、その会社の人事権の裁量的行為になります。

　したがって、会社は、就業規則などに根拠となる規定がなくても労働者を降格させることができます。

Q 私は製造業を営む会社の経理部に所属する社員ですが、5時が終業時刻であり残業もあまりないので、夜7時から他の会社の倉庫でアルバイトを始めました。ところが、先日この事実を上司が知ることになり、「うちの会社は兼職禁止だ。」と言われ、懲戒処分として出勤停止が命じられました。もちろんこの間の賃金は払われません。

就業規則を確認したのですが、兼職禁止の条項はありませんし、懲戒処分が行われる事由にも規定されていません。私は悪いことをしたわけではないのに懲戒処分が行われるは納得いかないのです。

A 就業規則などに規定されていない事由については、懲戒処分をすることはできないわけです。したがって、あなたの会社の就業規則に、兼職することを懲戒事由とする規定がないのであれば、あなたへの懲戒処分はやはり無効になると思います。

　なお、就業規則に兼職禁止の規定が設けられ、懲戒処分の事由にしている場合であっても、他の会社での労働が軽易で業務に支障がないような場合には、兼職による懲戒処分が無効とされることがあります。

同じ事案で他の労働者と違う懲戒処分をされた場合（平等待遇の原則）

Q 私は運送業を営む会社に勤務しています。私は先月、残業が多く睡眠不足のため、1か月のうちに3回の遅刻をしてしまいました。上司から叱責された上、懲戒処分として減給されることになりました。今まで、うちの会社は月3回程度の遅刻の場合には、戒告の処分をしていたのに、なぜ私だけが減給制裁なのか納得がいきません。このような扱いをするのは法的にはどうなのでしょうか？

A 懲戒処分の基本原則として、同じ規定に同じ程度に違反した場合には、これに対する懲戒は、同一種類、同一程度でなければならないという原則（平等待遇の原則）があります。ですから、会社は処分の有無・軽重を決定するに当たっては、従来の懲戒処分例を先例として考慮することが必要になります。あなたの場合は、会社がこの基本原則に反しているわけですから、懲戒権の濫用として無効になる可能性があると思います。

ちょっと一言 ― 黙認から懲戒処分へ

一定期間黙認されてきた行為について、会社が突然処分を行うことがあります。これは会社が、事前に十分警告するなどの措置をとっていない場合などは、平等待遇の原則に反すると考えられ、そのような処分も無効となる可能性があります。

懲戒事由を新設し、遡って懲戒処分を行うことはできない

Q 私の会社の就業規則は、簡素なもので、懲戒処分に関することなどはあまり規定されていませんでした。先日、この就業規則の見直しが行われ、懲戒事由やその種類などがちゃんと定められました。すると、上司が「君が2か月前に行ったタイムカードの不正打刻は、懲戒事由に該当するから、減給処分するよ。」と言ってきました。不正打刻については会社から厳重注意され、2度と行わないということで許してもらったのです。過去の行為について遡って懲戒処分はできるのですか？

A 懲戒処分の基本原則として、刑罰の場合と同様、根拠規定は、それが設けられる以前の事犯に対して遡って適用されてはならないという原則（不遡及の原則）があります。

　つまり、ある違反がなされた時点で、その行為に対する懲戒処分の規定がない場合には、その後、その行為に対する規定を設けても、処分できないということです。したがって、あなたの会社が懲戒事由を新設しても、過去のあなたの不正行為について遡って懲戒処分をすることはできません。あなたへの減給処分は無効になると思います。

二重に懲戒処分を行うことはできない

Q 私は上司から台風が近づき、その保安上、休日出勤の指示を受けたのですが、その状況からいって必要ないと思い、この指示を拒否し出勤しませんでした。私のこの行為が、懲戒事由の「正当な理由なく上司からの業務命令に従わず服務規律を遵守しないとき」に該当するとし、上司から譴責処分が告げられました。私はこれに従い始末書を提出しました。ところが、会社は、後日、処分が軽すぎたといって減給処分を言い渡してきました。このようなことは許されるのですか？

A 懲戒処分の基本原則として、ある行為について、一度懲戒処分がなされた場合には、同じ事由に基づいて二重に処分することができないという原則(二重処分禁止の原則)があります。

あなたの会社は、あなたの業務命令違反という一つの事案に対して、譴責処分と減給処分の二つを行おうとしており、二重処分禁止の原則に反している可能性があります。したがって、あなたへの減給処分は無効になると思います。

ちょっと一言

二重処分とならない場合

過去において何回も懲戒処分を受けているのに反省せず、今回も非行を行った場合に、過去の非行を情状として考慮することは、この原則に反することにはなりません。
また、解雇や懲戒処分の前置措置として、これらの処分をするかしないかにつき調査又は審議決定するまでの間、就業を禁止し出勤停止を命じたりすることがありますが、これは業務命令として行われているものであり、懲戒処分の出勤停止とは別のものと考えられています。したがって、この出勤停止後に懲戒解雇などが行われたとしても、二重処分の禁止の原則に反することにはなりません。

手続きに不備がある懲戒処分は無効

Q 私は、会社内で、昼休みの時間を利用し、私が行っている副業についての説明会を行ったところ、職場規律違反ということで懲戒処分を受けることになりました。就業規則には、「懲戒処分を行うときには、懲罰委員会で審議し、更に被処分者に、当該委員会へ弁明の機会を付与する。」と規定されています。ところがこの懲罰委員会は開かれず、減給処分が言い渡されました。私にも言い分があるのに納得いきません。

A 懲戒処分の発動にあたっては、手続的な正義が要求されます。就業規則等で、懲戒処分についての手続きが規定されている場合は、その手続きに違反してなされた懲戒処分は、原則として無効とされます。あなたの場合は、何も手続きがとられていないようですから、無効になると思います。

なお、会社がどのような手続きを経て処分決定したかは、処分の社会的相当性判断の一要素になります。したがって、就業規則等に手続きについての規定がない場合でも、会社は、懲戒処分を行うに当たり、被処分者に対して懲戒の事由をあらかじめ通告し、弁明の機会を与える等のことは最低限必要だと言われています。

限度を超える減給制裁は違法

Q 私は、残業時間中に酒を飲み、酔って倒れたときに会社の備品などを壊してしまいました。私はこれの弁償をさせられました。更に、懲戒処分として、減給されることになりました。私に非があるので、弁償も懲戒処分も仕方がないと思っています。ただ、3か月間も賃金月額の5分の1が減給されるので、処分が厳し過ぎるのではないかと思っています。法的にはどうなのでしょうか？

A 労働基準法では、会社が減給制裁をする場合について、減給できる額の限度を設けています。具体的には、「制裁対象となる1回の事案に対して減給できる額は、その労働者の平均賃金の半額以内であり、また、一賃金支払期に複数の制裁対象となる事案が発生した場合に、その賃金支払期で減給できるのは、賃金総額の10分の1以内でなければならない」としています。

あなたの会社は、この限度を超える減給を明らかに行っていますので、労働基準法違反であり、あなたは限度額を超えて減給された分は、会社に支払いを請求できます。

例えば　Aさん
- 制裁対象となる違反行為を8回行っている。
- 平均賃金が1万円
- 賃金月額30万円

まず、1事案について平均賃金の半額までしか減給できませんので、Aさんの場合は1事案に対して5千円までしか減給できません。Aさんは、8回の違反行為を行っていますから、合計で5千円×8回＝4万円までの減給制裁が可能です。

ただ、1回の賃金支払期で減給できるのは、賃金総額の10分の1までなの

で、Aさんの場合は、1回の賃金支払期で3万円までの減給しかできません。残りの1万円については、次の賃金支払期に繰り越して減給となります。

月給30万円:1回の賃金支払期で減給できる限度＝(30万円×10分の1＝3万円)

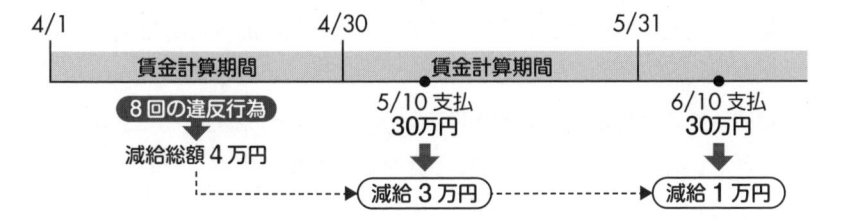

```
    4/1           4/30          5/31
    ├── 賃金計算期間 ──┼── 賃金計算期間 ──┤
    ┌─────────┐   5/10 支払    6/10 支払
    │8回の違反行為│    30万円       30万円
    └─────────┘      ↓            ↓
    減給総額4万円   ┌減給3万円┐   ┌減給1万円┐
         └────────┘        └────────┘
```

■平均賃金

制裁の意思表示が労働者に到達した日(通知日)の直前の賃金締日以前3か月間に支払われた賃金の総額をその3か月間の総日数で除して得た額をいいます。

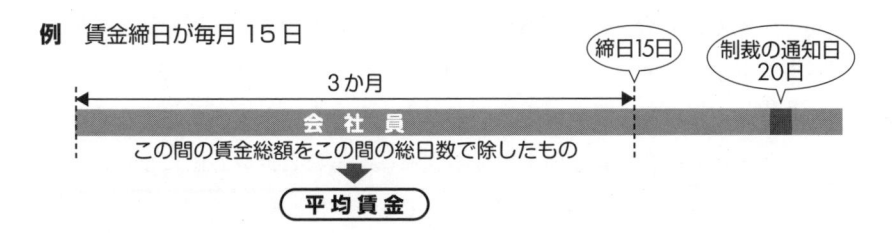

例　賃金締日が毎月15日

```
                               締日15日  制裁の通知日
                                         20日
    ←────── 3か月 ──────→
    ┌──────────────────────┬──┐
    │       会 社 員        │  │
    └──────────────────────┴──┘
    この間の賃金総額をこの間の総日数で除したもの
              ↓
           ┌平均賃金┐
```

この違反に対する罰則	30万円以下の罰金

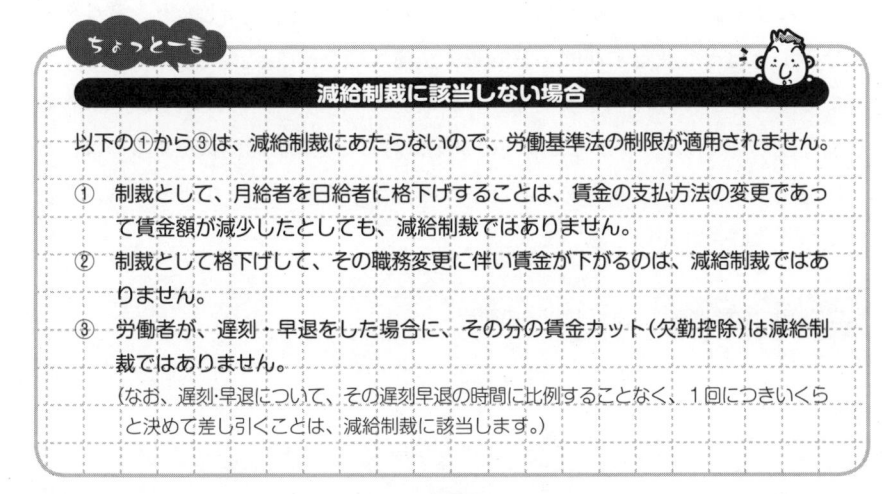

ちょっと一言

減給制裁に該当しない場合

以下の①から③は、減給制裁にあたらないので、労働基準法の制限が適用されません。

① 制裁として、月給者を日給者に格下げすることは、賃金の支払方法の変更であって賃金額が減少したとしても、減給制裁ではありません。

② 制裁として格下げして、その職務変更に伴い賃金が下がるのは、減給制裁ではありません。

③ 労働者が、遅刻・早退をした場合に、その分の賃金カット(欠勤控除)は減給制裁ではありません。
（なお、遅刻・早退について、その遅刻早退の時間に比例することなく、1回につきいくらと決めて差し引くことは、減給制裁に該当します。）

懲戒処分を受けた者の賞与を不支給にするのは違法

Q 私は遅刻を1か月の間に3回も繰り返したため、戒告処分を受けました。
更に、夏季賞与が不支給とされました。当然私が悪いわけですから仕方がないことなのですが、「夏の賞与が不支給なのは、懲戒処分としてですか？」と聞いたところ、「懲戒処分ではないが、戒告処分を受けたことで賞与の考課査定が低くなり、結果として不支給になった。」と言われました。このようなことは許されるのでしょうか？

A 労働者に非行・違反行為があった場合に、考課査定の面で評価を低くし賞与額を低額にすることは、直ちに違法なものとは言えません。ただ、その非行・違反行為の程度に応じた考課査定を行うべきであり、少なくともあなたのケースの場合は賞与の全額を不支給にするほど低い評価になるとは思えません。つまり、会社としては「懲戒処分ではない」と言っているようですが、事実上、懲戒処分の減給制裁に該当すると考えられます。

このように判断された場合は、労働基準法の減給制裁の限度規定が適用されることになりますので、あなたの平均賃金の半額を超えて減給したり、賞与額の10分の1を超えて減給すれば、労働基準法違反になります。

また、懲戒処分には、二重処分禁止の原則があり、あなたに対して、既に戒告処分を行っているわけですから、同一の事案に対して更に減給制裁をするのは、これに違反することになります。あなたへの賞与不支給はかなり問題がある取扱いであり、許されないと思います。

この違反に対する罰則	30万円以下の罰金

第 **7** 章

女性の雇用管理
でよくある違法行為

この章では、女性労働者の権利と会社の義務、それとよくある違反行為などをあげていきます。

女性労働者に生理休暇を与えないのは違法

Q 私は、生理の時の頭痛が酷く、勤務するのが非常に大変な日があります。このような日は会社を休みたいと思っているのですが、休暇を請求できるでしょうか？

A 労働基準法では、「会社は、生理日の就業が著しく困難な女性が休暇を請求したときは、その者を生理日に就業させてはならない」としています。つまり、女性労働者は生理により就業が困難な状態である場合には、会社を休む権利を有しているのです。女性労働者が生理休暇を請求しているにもかかわらず、それを与えない場合、労働基準法違反となります。

ただし、労働基準法はこの休暇日について賃金の支払い義務までは課していませんので、有給か無給かは就業規則などの定めによります。

なお、個人差のあるものなので、会社が休暇の日数について就業規則その他により、その日数を限定することは許されません。また、この休暇の請求は、必ずしも暦日単位で行わなければならないものではありません。半日又は時間単位で請求することも可能です。

この違反に対する罰則	30万円以下の罰金

妊娠中は、軽易な業務へ換えてもらうことができる

Q 私は妊娠6か月ですが、体調が悪く、今の業務がけっこう負担になっています。もう少し負担の少ない業務に換えてもらいたいと思っているのですが、会社にこのようなことを請求できるのでしょうか?

A 労働基準法では、「妊娠中の女性が請求した場合においては、会社は、他の軽易な業務に転換させなければならない」としています。つまり、あなたは軽易な業務に換えてもらえる権利を有しているのです。会社があなたの請求を拒否すれば、労働基準法違反となります。また、軽易な業務とは、原則としては、その女性が希望する業務とされていますので、まず、どの業務に換えてもらうのかを決めて会社に相談してみてはいかがでしょうか。

また、一度軽易な業務に転換した後であっても、その女性労働者が更に他の軽易な業務への転換を求めた場合には、会社はこれに誠意をもって応じる必要があると考えられています。

ただ、転換すべき業務がない場合に、新たに軽易な業務を創設して与える義務まで会社が負っているわけではありません。

この違反に対する罰則	6か月以下の懲役又は30万円以下の罰金

ちょっと一言

有害業務への就業制限

労働基準法では、「会社は、妊娠中の女性及び産後1年を経過しない女性(妊産婦という)を、重量物を取扱う業務、有害ガスを発散する場所における業務その他妊産婦の妊娠、出産、哺育等に有害な業務に就かせてはならない。また、重量物を取扱う業務、有害ガスを発散する場所における業務については、妊産婦以外の一般女性も、就かせてはならない」としています。

妊娠中や出産後の健康診査は、勤務時間中でも行くことができる

> **Q** 私は妊娠しているので、病院に定期検診に行っているのですが、もうすぐ私が勤めている会社が繁忙期に入ります。忙しい時期だからといって病院に行けなくなるのは困ります。ちゃんと病院へ行くことを会社に請求できますか？

A 男女雇用機会均等法という法律があります。これは労働者が性別により差別されることなく、また、女性労働者の母性が尊重されつつ、働けるようにすることを目的とした法律です。この法律では、「会社は、その雇用する女性労働者が出産に関する保健指導又は健康診査を受けるために必要な時間を確保することができるようにしなければならない」としています。会社は妊娠中の女性や産後1年を経過しない女性から、出産に関する保健指導又は健康診査を受けるための時間を請求されれば、それが勤務時間中であっても与えなければならないのです。これは、会社の繁忙期であっても同様です。あなたは当然に病院へ行くべきですし、会社はその時間を与えなければならないのです。

　会社が、あなたの請求を拒否し、この時間を与えないのであれば、男女雇用機会均等法違反となります。

> この違反に対する罰則はありません
> （ただ、会社がこの時間を与えず、その結果、母子にもしもの事があれば、会社は損害賠償責任を負うことになるでしょう。）

妊娠中は、ラッシュアワーの混雑を避けて通勤できる

Q 私は妊娠４か月なのですが、お医者さんから、「お腹に衝撃が加わるのはまずいので、満員電車などに乗らないように。」と指導されました。ですから、朝夕のラッシュアワーの混雑時をずらして通勤したいと申し出たところ、「それだったら休め」と言われ、認めてくれませんでした。産前休業に入るにはまだ早すぎますし、なにより休業してしまうと賃金が払われませんから、困ってしまいます。

A 男女雇用機会均等法では、「会社は、その雇用する女性労働者が出産に関する保健指導又は健康診査に基づく指導事項を守ることができるようにするため、勤務時間の変更、勤務の軽減など必要な措置を講じなければならない」としています。

　つまり、あなたは、お医者さんの指導事項を守れるように、時差出勤や勤務時間の短縮などの通勤緩和措置を講じてもらえる権利がありますし、会社は、あなたの申出に基づいて、通勤緩和措置を講じる義務を負います。

　会社が、あなたの申出を拒否し通勤緩和措置を講じないのであれば、男女雇用機会均等法違反となります。

> この違反に対する罰則はありません
> （ただ、会社がこの措置を講じないで、その結果、母子にもしもの事があれば、会社は損害賠償責任を負うことになるでしょう。）

妊娠中や産後は残業を拒否できる

Q 私の会社は36協定をちゃんと締結して、適法に時間外労働を行わせているのですが、私は妊娠中で、長時間の労働を行うと体調が悪くなります。ですから、出来れば残業をやりたくないのです。残業を拒否することはできますか？

A 労働基準法では、「妊娠中の女性又は産後1年を経過しない女性が請求した場合においては、会社は36協定や非常事由があったとしても、時間外労働・休日労働をさせてはならない」としています。

ですから、あなたは、時間外労働を行わない旨の請求をできます。もし、あなたがこの請求をしているにもかかわらず、あなたに時間外労働を行わせた場合は、労働基準法違反となります。

また、労働基準法では、「妊娠中の女性又は産後1年を経過しない女性が請求した場合においては、変形労働時間制を採用しているときでも1日8時間、1週40時間を超えて労働をさせてはならず、また、深夜業をさせてもならない」としています。

この違反に対する罰則	6か月以下の懲役又は30万円以下の罰金

零細企業でも産前産後休業は取得できる

Q 私は妊娠しており出産を控えています。従業員が10人しかいない小規模な会社に勤めているのですが、産前産後休業を取りたいと考えています。零細企業の場合でも、産前産後休業を取ることはできるのでしょうか？また、産前産後休業は、いつからいつまで取れるのですか？

A 労働基準法では、「会社は、6週間（多胎妊娠の場合にあっては、14週間）以内に出産する予定の女性が休業を請求した場合においては、その者を就業させてはならない。また、会社は、出産後8週間を経過しない女性を就業させてはならない」としています。

この規定は、会社の規模は関係なく、たとえ小規模の会社であっても適用されます。

あなたは産前産後休業を取得する権利をちゃんと持っているのです。

あなたは、出産予定日の6週間前（多胎妊娠の場合にあっては、14週間前）から産前休業を取得できますし、実際の出産日後8週間まで産後休業になります。

会社がこの産前産後休業を与えない場合は、労働基準法違反となるのです。

なお、産前休業は労働者本人が請求して与えられる休業です。これに対し、産後休業は本人の請求の有無を問わず、強制的に休業になります。本人が働くことを希望しても休業しなければならないのです。

ただ、産後6週間を経過した後であれば、本人の希望と医師の証明があれば、勤務することが可能です。

| この違反に対する罰則 | 6か月以下の懲役又は30万円以下の罰金 |

出産

　労働基準法でいう出産とは、妊娠4か月以上（1か月は28日として計算されるため、85日以上となる）の分娩を意味し、生産のみならず死産、人工妊娠中絶も含まれます。
　ですから、妊娠4か月以上での人工妊娠中絶や死産の場合も、その後8週間の産後休業を取る権利はあります。

出産育児一時金

　会社員が加入している健康保険制度には、出産育児一時金というのがあります。
　これは健康保険の加入者（被保険者という）が、妊娠4か月以上で出産した場合に、出産費用の負担を軽減するために支給される一時金給付です。
　出産育児一時金は、正常分娩だけを対象としているわけではありません。妊娠4か月以上での分娩であれば、それが死産、早産、流産であろうが、経済的な理由での人工妊娠中絶であろうが、父が不明の子であろうが、この出産育児一時金は支給されることになっています。出産育児一時金の額は、1児につき35万円（平成20年11月現在）です。
　ですから、双子を出産した場合は70万円となります。なお、労働者の扶養家族（被扶養者）が妊娠4か月以上で出産した場合も、同様に、1児につき35万円の家族出産育児一時金を受けることができます。

出産手当金

　健康保険制度には、出産手当金という保険給付もあります。これは、健康保険の被保険者となっているものが、労働基準法の産前産後休業を取得した場合に、その期間中について支給される所得保障の給付です。支給額は、休業1日について、その被保険者の標準報酬日額の3分の2相当額とされています。

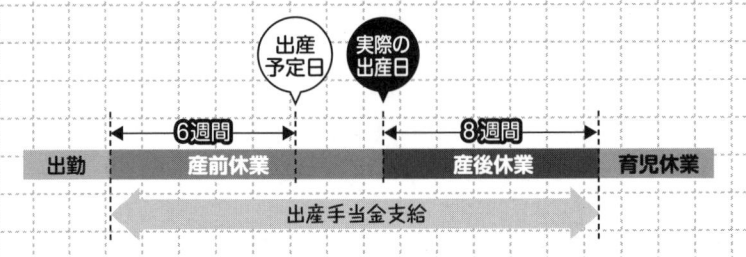

	出産予定日	実際の出産日	
	←6週間→	←8週間→	
出勤	産前休業	産後休業	育児休業
	←　　出産手当金支給　　→		

　実際の出産日が、出産予定日より遅れた場合は、その実際の出産日後8週間までが産後休業期間になるので、そこまでは出産手当金がちゃんと支給されます。

産前産後休業を取得したことを理由に不利益取扱いをするのは違法

Q 私は、産前産後休業の申出を上司にしたところ、「長期休暇をとるぐらいなら辞めてくれ。」と言われました。私は、法律で認めているはずだから、会社が拒否するのはおかしいと文句を言ったところ、渋々、承諾されました。ところが、休業を終了して職場復帰したら、他の業務に配置換えされ、それにともない賃金も引き下げられました。配置換えがされた理由などを考えると嫌がらせとしか思えません。このようなことが許されるのでしょうか？

A 男女雇用機会均等法では、「会社は、女性労働者が産前休業を請求し、又は当該産前産後休業をしたことなどを理由として、当該女性労働者に対して、解雇その他不利益な取扱いをしてはならない」としています。

あなたの言う通り、産前産後休業を取得したことで、あなたの配置転換が行われ賃金が下げられたのであれば、産前産後休業をしたことを理由とした不利益な取扱いに該当しますので、男女雇用機会均等法違反となります。

> この違反に対する罰則はありません

ちょっと一言

不利益な取扱いの該当例

① 不利益な配置の変更を行うこと
② 期間を定めて雇用される者の契約更新をしないこと
③ 退職を強要したり、正社員からパートタイマーなどの非正規社員になることを強要すること
④ 降格させること
⑤ 就業環境を害すること
⑥ 不利益な自宅待機を命じること
⑦ 減給し、又は賞与等において不利益な算定を行うこと
⑧ 昇進・昇格の人事考課において不利益な評価を行うこと

結婚・出産退職制度

　男女雇用機会均等法では、「会社は、女性労働者が結婚・妊娠又は出産した場合には退職となる旨の規定を就業規則などに定めてはならない」としています。

労働者には、育児休業を取得する権利がある

Q 私は産後休業が終了した後に、そのまま育児休業に入りたい旨の申出を上司にしました。すると、「産前産後休業までは認めるけど、育児休業はうちの会社では前例がないので認められない。」と言われました。このようなことは許されるのですか？

A 育児・介護休業法という法律があります。これは育児や介護を行う労働者が、その家庭生活と仕事の両立ができるようにすることを目的にした法律です。この法律では、「1歳未満の子を養育する労働者は会社に申し出ることにより育児休業を取得することができ、会社はこの労働者からの育児休業の申出を拒むことはできない」としています。

ただ、以下の①～④に該当する労働者については、あらかじめ労使協定で育児休業を認めない者として定めていれば、会社はその申出を拒むことができるともしています。

① 採用されてから1年に満たない労働者
② 配偶者が常態として子を養育できる労働者
③ 育児休業の申出をした日から1年以内に退職することが明らかな労働者
④ 1週間の所定労働日数が2日以下の労働者など

したがって、あなたの会社に労使協定が締結されていない場合、または、労使協定の定めがあっても、あなたがこの①から④に該当しない場合は、前例がないからといって、育児休業の申出を拒否することはできないのです。拒否すれば、育児・介護休業法違反となります。

また、この法律は、「会社は、労働者が育児休業の申出をし、または、育児休業をしたことを理由として、解雇その他不利益な取扱いをしてはならない」ともしています。

ですから、あなたが育児休業を取得したことを理由に、会社が解雇やその他

の不利益な取扱いをしてきた場合は、やはり育児・介護休業法の違反となります。

> この違反に対する罰則はありません

男性の育児休業

1歳未満の子を養育する男性労働者も、育児休業を取る権利はあります。
男性だからといって、育児休業の申出を拒否すれば、育児・介護休業法違反となります。

1歳以後の育児休業

保育所での保育を希望し入所申込みを行っているが、入所できない場合など、子が1歳に到達した後もなお休業することが必要だと認められる場合には、子が1歳6か月になるまでを限度として育児休業を取得することができます。この1歳以後の育児休業の申出を拒否した場合も育児・介護休業法違反となります。

育児休業申出の撤回

育児休業の申出をした労働者は、休業開始予定日の前日までは、育児休業の申出を撤回することができます。ただ、労働者が育児休業申出を撤回すると、配偶者の死亡などの特別の事情がある場合を除き、同一の子について育児休業の申出を再度行うことができなくなります。

ちょっと一言

育児休業基本給付金

雇用保険制度には、育児休業基本給付金という保険給付があります。これは、雇用保険の被保険者が育児休業を取得した場合であって、その被保険者が育児休業を取得する日前の過去2年の間に、雇用保険の加入期間が通算して12か月以上あるときに支給されるものです。

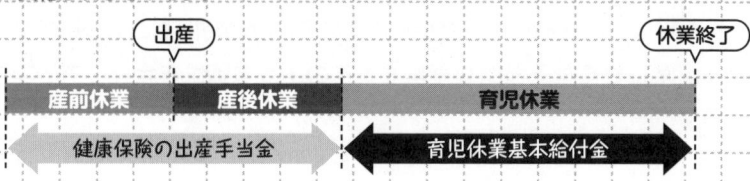

```
          出産                          休業終了
 ┌─産前休業─┬─産後休業─┬───育児休業────┐
 └健康保険の出産手当金┘└──育児休業基本給付金──┘
```

育児休業開始日から休業終了日までの期間を1か月ごとに区切り、その区切った1か月（支給単位期間という）について、休業前の賃金月額の30％の額が支給されます。

例えば
- 2月15日から8月3日まで育児休業を取得
- 休業前の賃金日額1万円（休業前賃金月額、30万円）

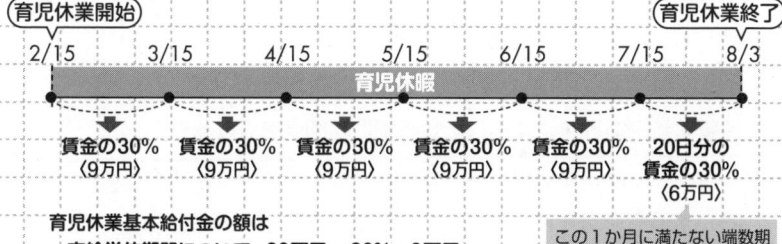

育児休業開始　　　　　　　　　　　　　　　育児休業終了
2/15　3/15　4/15　5/15　6/15　7/15　8/3
│────────── 育児休暇 ──────────│

2/15	3/15	4/15	5/15	6/15	7/15
賃金の30％〈9万円〉	賃金の30％〈9万円〉	賃金の30％〈9万円〉	賃金の30％〈9万円〉	賃金の30％〈9万円〉	20日分の賃金の30％〈6万円〉

育児休業基本給付金の額は
一支給単位期間について、30万円×30％＝9万円
最後の支給単位期間については、20万円×30％＝6万円

> この1か月に満たない端数期間はその日数に応じて日割りで計算した額が支給される。

育児休業者職場復帰給付金

雇用保険制度には、育児休業者職場復帰給付金という保険給付があります。これは雇用保険の被保険者が育児休業を終了した後に、職場復帰し引き続き6か月以上雇用された場合に受けることができる一時金給付です。

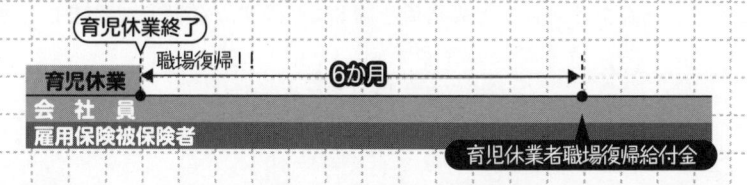

```
       育児休業終了
         職場復帰!!    ← 6か月 →
 ┌育児休業┤
 │会 社 員│
 │雇用保険被保険者│
                        育児休業者職場復帰給付金
```

※健康保険の出産育児一時金・出産手当金、雇用保険の育児休業基本給付金・育児休業者職場復帰給付金は、いずれも請求手続きをとらない場合には支給されません。もらい忘れのないように注意しておきましょう。

育児をしている者に勤務短縮制度を講じないのは違法

Q 私は2歳の子を養育しながら勤務しています。ただ、保育所へ迎えに行かなければならなかったりしますので、勤務時間などについて会社が配慮してくれると助かります。このような請求を会社にできますか？

A 育児・介護休業法では、「会社は、3歳に満たない子を養育する労働者で育児休業をしないものに対しては、その労働者が就業しつつ子を養育することを容易にするための措置(勤務時間の短縮等の措置)を講じなければならない」としています。

具体的には、養育することを容易にするための措置として、会社は、以下の①から⑤のいずれかの措置を講じなければなりません。

① 希望する労働者を対象とした短時間勤務制度を設けること
② 希望する労働者をフレックスタイム制で働けるようにすること
③ 希望する労働者を対象とした始業又は終業の時刻を繰上げ又は繰下げる制度を設けること
④ 希望する労働者を対象とした残業なし制度を設けること
⑤ 託児施設を設置し運営することなど

会社は、勤務時間の短縮等の措置を講じる義務があり、このような措置を何もとらないのであれば、育児・介護休業法違反となります。

まずは、あなたの会社がどの措置を講じているのか確認してみましょう。

> この違反に対する罰則はありません

ちょっと一言

育児時間

　労働基準法では、「1歳に達しない子を育てる女性は、法定の休憩時間のほか、1日2回各々少なくとも30分、その子を育てるための時間を請求することができる。そして、会社は、この育児時間中はその女性を使用してはならない」としています。

　この育児時間を、1日の労働時間のどの部分で取得するかは労働者の請求に任されています。ですから、1歳未満の子を養育している女性労働者は、始業時刻の直後30分と終業時刻の直前30分を育児時間として請求し、それぞれ30分ずつ、遅刻と早退をさせてもらうことも可能なのです。

子が病気・ケガした場合は看護休暇を取得できる

> 私は郊外にある量販店に勤務しています。私には5歳と3歳の子供がいます。
> 労働者は、子供が病気やケガをした場合に、その子を病院に連れて行くなど、子の世話をするための看護休暇を取ることができると聞いたのですが、本当ですか？

A 育児・介護休業法では、「小学校就学前の子を養育する労働者は、負傷又は病気にかかった子の世話をするために、1年度につき5日間を限度として、子の看護休暇を申し出ることができ、会社はその看護休暇の申出を拒んではならない」としています。

ですから、あなたの子が朝起きて高熱を出している時などは、電話で会社に連絡をいれることで、子の看護休暇をとることができます。

会社はこれを拒否できません。拒否した場合には、育児・介護休業法違反となります。

ただ、以下の①～②に該当する労働者については、あらかじめ労使協定で看護休暇を認めない者として定めていれば、会社はその申出を拒むことができるともしています。

① 採用されてから6か月に満たない労働者
② 1週間の所定労働日数が2日以下の労働者など

> この違反に対する罰則はありません

看護休暇を取ったことを理由に不利益取扱いをすることは違法

Q 私は育児休業を取得していたのですが、子を保育園で預かってもらい従来の職務に復帰しました。ただ、子供が病気がちで、その看護のために休暇を申し出て会社を何回か休みました。すると上司から、「頻繁に休暇を取るなら正社員ではなくパートタイマーになりなさい。」と言われ、パートタイマへ雇用形態を変更するように強要されました。

パートタイマーになれば賃金も下がってしまうし、ボーナスや退職金も無くなってしまうので困ってしまいます。私はパートタイマーにならなければいけないのでしょうか？

A 育児・介護休業法では、「事業主は、労働者が看護休暇の申出をし、又は看護休暇をしたことを理由として、当該労働者に対して解雇その他不利益な取扱いをしてはならない」としています。看護休暇の取得を理由に、正社員からパートタイマーなどの非正規社員になることを強要することは、この不利益取扱いに該当し、育児・介護休業法違反となります。

あなたは、パートタイマーへの変更の強要に応じる必要はありませんし、仮に応じないことを理由に、あなたを解雇した場合は、やはり違反となり、その解雇は無効となるでしょう。

> この違反に対する罰則はありません

子を養育する労働者は深夜業を拒否できる

私は4歳の子を養育しながら正社員として働いています。残業などによって、午後10時以降も働くことが度々あります。現在は、このようなときは、近くに住む両親に来てもらい子供の面倒をお願いしています。ただ、深夜に及んでしまいますと、私の両親の負担も大きくなるし、少し困ってしまいます。深夜労働をやらずに済むように会社に請求できますか？

育児・介護休業法では、「小学校就学前の子を養育する労働者が請求した場合には、会社は午後10時から午前5時までの間（深夜）において労働させてはならない」としています。ただ、会社は、以下の①から③に該当する労働者からの請求については、拒むことができるともされています。

① 雇用されてから1年未満の労働者
② 深夜において常態として子を保育できる同居の家族がいる労働者
③ 1週間の所定労働日数が2日以下の労働者など

あなたが、この①から③に該当しない場合は、あなたの請求を会社は基本的に拒否できません。労働者が請求をしているにもかかわらず、その労働者に深夜労働を行わせた場合には、育児・介護休業法違反となります。

> この違反に対する罰則はありません

子を養育する労働者は残業を拒否できる

Q 私は4歳の子を養育しながら正社員として働いています。うちの会社は、非常に残業が多く、かつ、夫の方も残業が多いので、保育園に預けているものの色々不都合が生じています。私の残業を減らしてもらえるように会社に請求できますか?

A 育児・介護休業法では、「小学校就学前の子を養育する労働者が請求した場合、会社は、36協定があったとしても1か月について24時間、1年について150時間(制限時間という)を超えて時間外労働をさせてはならない」としています。

ただ、会社は、以下の①から③に該当する労働者からの請求については、拒むことができるともされています。

① 雇用されてから1年未満の労働者
② 配偶者が常態として子を養育できる労働者
③ 1週間の所定労働日数が2日以下の労働者など

あなたが、この①から③に該当しない場合は、あなたの残業制限の請求を、会社は基本的に拒否できません。もし、請求しているのに、会社が制限時間を超えて時間外労働を行わせた場合には、育児・介護休業法違反となります。

この違反に対する罰則はありません

配置についての男女差別は違法

Q 私の会社は、男性社員に限定することなく営業部への配置を行っています。ただ、男性の営業部社員には新規の顧客開拓や商品の提案をする権限が与えられているのに対し、女性社員にはこれらの権限がなく、既存の顧客や商品の販売をする権限しか与えられていません。このような差別は許されるのですか？

A 男女雇用機会均等法では、「会社は、配置について、労働者の性別を理由として差別的取扱いをしてはならない」としています。あなたの会社のように、男女差別することなく同じ職務に配置はするけれど、付与する権限を男女で異なるものとしている場合は、配置について、性別を理由とした差別的取扱いに該当しますので、男女雇用機会均等法違反になります。

この違反に対する罰則はありません

配置について男女雇用機会均等法違反とされる措置

① **一定の職務への配置に当たって、その対象から男女のいずれかを排除すること。**
（典型例） 残業や深夜業の多い職務への配置に当たって、その対象を男性労働者のみにしている。

② **一定の職務への配置に当たっての条件を男女でかえること。**
（典型例） 男性は無条件に設計部門への配置が行われているのに対し、女性は一定の国家資格を取得していること、あるいは研修を修了していることを条件に配置が行われている。

③ **一定の職務への配置に当たって、能力及び資質の有無等を判断する場合に、その方法や基準について男女で異なる取扱いをすること。**
（典型例） 企画部門への配置希望者の資格試験について、合格基準を男女で異なるものとしている。

④ **一定の職務への配置に当たって、男女のいずれかを優先すること。**
（典型例） 営業部門への配置基準を満たす労働者が複数いる場合に、男性労働者を優先して配置している。

⑤ **配置における業務の配分に当たって、男女で異なる取扱いをすること。**
（典型例） 男性労働者には通常業務のみに従事させるが、女性労働者については通常の業務に加え、会議の庶務、お茶くみ、そうじ当番等の雑務を行わせている。

⑥ **配置転換に当たって、男女で異なる取扱いをすること。**
（典型例） 男性労働者については複数の部門に配置するが、女性労働者については当初に配置した部門から他部門に配置転換しない。

昇進についての男女差別は違法

Q 私の会社では、男性の場合は勤続年数5年以上で人事考課が総合C評価（5段階のうち上から3つ目）以上であれば係長に昇進できるのですが、女性の場合は人事考課が総合A評価であり、かつ、課長の推薦がないと係長へ昇進できません。ですから私の会社には女性の役職者がほとんどいません。このような取扱いは許されるのですか？

A 男女雇用機会均等法では、「会社は、昇進について、労働者の性別を理由として差別的取扱いをしてはならない」としています。

あなたの会社のように、役職への昇進にあたって男女で条件や基準を異なるものにすることは、昇進について性別を理由とした差別的取扱いになりますので、男女雇用機会均等法違反となります。

> この違反に対する罰則はありません

ちょっと一言

昇進について男女雇用機会均等法違反とされる措置

① 役職への昇進に当たって、その対象から男女のいずれかを排除すること。
　（典型例）　女性労働者については一定の役職までしか昇進を認めていない。
② 役職への昇進に当たっての条件を男女で異なるものとすること。
　（典型例）　課長への昇進に当たり、女性労働者については課長補佐を経ることが必要であるのに対し、男性労働者については課長補佐を経ることなく課長に昇進できるようにしている。
③ 一定の役職への昇進に当たり男女のいずれかを優先すること。
　（典型例）　一定の役職への昇進基準を満たす労働者が複数いる場合に、男性労働者を優先して昇進させている。

職種の変更についての男女差別は違法

Q 私は某局にアナウンサーとして10年勤務してきました。うちの局は、女性のみが30歳を過ぎると事務職への職種変更の対象となります。職種変更されないで引き続きアナウンサーの仕事をさせてもらえる人もいますが、女性のみ変更対象にするというこの扱いは、法的にはどうなのでしょうか？

A 男女雇用機会均等法では、「会社は、職種の変更について、労働者の性別を理由として差別的取扱いをしてはならない」としています。したがって、あなたの会社のように職種の変更について男女で異なる取扱いをすることは、労働者の性別を理由とした差別的取扱いに該当しますので、男女雇用機会均等法違反となります。

> この違反に対する罰則はありません

ちょっと一言

職種変更について男女雇用機会均等法違反とされる措置

① **職種の変更に当たって、その対象から男女のいずれかを排除すること。**
（典型例）「総合職」から「一般職」への職種の変更について、制度上は男女双方を対象としているが、男性労働者については職種の変更を認めていない。

② **職種の変更に当たっての条件を男女で異なるものとすること。**
（典型例）「一般職」から「総合職」への職種の変更のための試験について、女性労働者についてのみ上司の推薦を受けることを受験の条件としている。

③ **一定の職種への変更に当たって、能力及び資質の有無等を判断する場合に、その方法や基準について男女で異なる取扱いをすること。**
（典型例）「一般職」から「総合職」への職種の変更のための試験について、その受験を男性に対してのみ奨励している。

④ **職種の変更に当たって、男女のいずれかを優先すること。**
（典型例）「一般職」から「総合職」への職種の変更の基準を満たす労働者の中から、男性を優先して職種の変更の対象としている。

契約社員から正社員への登用における男女差別は違法

Q 私の会社では、男性は、契約社員としての勤続年数が3年以上となれば正社員採用試験が受けられるのに対し、女性は勤続年数が5年以上になった場合に、はじめてこの試験を受けられます。このような取扱いは許されるのですか？

A 男女雇用機会均等法では、「会社は、雇用形態の変更について、労働者の性別を理由として差別的取扱いをしてはならない」としています。契約社員やパートタイマーから正社員への登用は、雇用形態の変更に当たります。あなたの会社のように、正社員への登用における条件を男女で異なるものとしている場合は、雇用形態の変更について、性別を理由とした差別的取扱いに該当しますので、男女雇用機会均等法違反となります。

> この違反に対する罰則はありません

ちょっと一言

雇用形態の変更について男女雇用機会均等法違反とされる措置

① **雇用形態の変更に当たって、その対象から男女のいずれかを排除すること。**
(典型例) 契約社員から正社員への変更の対象を男性のみにしている。

② **雇用形態の変更に当たって、能力及び資質の有無等を判断する場合に、その方法や基準について男女で異なる取扱いをすること。**
(典型例) 契約社員から正社員への変更について、男性については人事考課において平均的な評価がなされている場合には対象とするが、女性については、特に優秀という評価がなされている場合にのみ、その対象としている。

③ **雇用形態の変更に当たって、男女のいずれかを優先すること。**
(典型例) パートタイマーから正社員への変更の基準を満たす労働者の中から、男性を優先して変更の対象としている。

④ **雇用形態の変更について、男女で異なる取扱いをすること。**
(典型例) 経営の合理化のため、正社員から契約社員への変更を勧奨しているが、その対象を女性労働者のみにしている。

契約社員の契約更新についての男女差別は違法

Q 私の会社は、契約社員の労働契約の更新にあたり、男性は平均的な営業成績である場合には更新の対象としていますが、女性については特に営業成績が良い場合についてのみ更新の対象としています。このような取扱いは許されるのでしょうか？

A 男女雇用機会均等法では、「会社は、労働契約の更新について、労働者の性別を理由して差別的取扱いをしてはならない」としています。

あなたの会社のように労働契約の更新にあたって、能力及び資質の有無等を判断する場合に、その方法や基準について男女で異なる取扱いをすることは、労働契約の更新について、性別を理由とした差別的取扱いに該当しますので、男女雇用機会均等法違反となります。

> この違反に対する罰則はありません

ちょっと一言

労働契約の更新について男女雇用機会均等法違反とされる措置

① **労働契約の更新に当たって、その対象から男女のいずれかを排除すること。**
（典型例）　経営の合理化に際して、男性労働者のみを労働契約の更新の対象とし、女性労働者については、労働契約の更新をしていない（いわゆる「雇止め」をしている）。

② **労働契約の更新に当たっての条件を男女で異なるものとすること。**
（典型例）　女性労働者についてのみ、労働契約の更新回数の上限を設けている。

③ **労働契約の更新に当たって男女のいずれかを優先すること。**
（典型例）　労働契約の更新の基準を満たす労働者の中から、男女のいずれかを優先して労働契約の更新の対象としている。

定年についての男女差別は違法

Q 私の会社は、定年年齢を65歳に引き上げることになったのですが、企画調査部についてだけは定年年齢が60歳のままとされました。「なぜ、企画調査部のみ定年年齢の引き上げが行われないのか。」と会社に質問したところ、理由の説明はありませんでした。
この企画調査部については女性しかいません。これが理由ではないかと思っているのですが、このようなことは法的にはどうなのでしょうか？

A 職種別に定年年齢を定めることは禁止されていません。ただし、男女雇用機会均等法では、「会社は、定年について、労働者の性別を理由として差別的取扱いをしてはならない」としています。ですから、あなたの言うように女性だから定年年齢を変えたという意図であれば、男女雇用機会均等法違反となります。

なお、会社は、高年齢者雇用安定法により高年齢者雇用確保措置をとらなければなりません。あなたの会社が企画調査部について定年延長をしないのであれば、かわりに継続雇用制度を設けるか、定年の廃止をする必要があります。これをしないのであれば、高年齢者雇用安定法違反となります。

この違反に対する罰則はありません

退職勧奨についての男女差別は違法

Q うちの会社は、人件費削減を目的に早期退職制度が設けられています。この制度の対象となる年齢が、女性は40歳以上であるのに対し、男性は45歳以上となっているのです。更に、女性に対してばかりこの制度を利用するように働きかけています。このようなことは法的にはどうなのでしょうか？

A 男女雇用機会均等法では、「会社は、退職の勧奨について、労働者の性別を理由として差別的取扱いをしてはならない」としています。あなたの会社のように、退職勧奨の対象年齢を男女で変えたり、女性に対してのみ早期退職制度の利用を働きかけることは、退職の勧奨について、性別を理由とした差別的取扱いに該当しますので、男女雇用機会均等法違反となります。

> この違反に対する罰則はありません

ちょっと一言

退職勧奨について男女雇用機会均等法違反とされる措置

① 退職の勧奨に当たっての条件を男女で異なるものとすること。
（典型例） 経営の合理化に際して、既婚の女性労働者に対してのみ、退職の勧奨をしている。

② 退職の勧奨に当たって、能力及び資質の有無等を判断する場合に、その方法や基準について男女で異なる取扱いをすること。
（典型例） 経営合理化に伴い退職勧奨を実施するに当たり、人事考課を考慮する場合において、男性労働者については最低の評価がなされている者のみ退職勧奨の対象とするが、女性労働者については特に優秀という評価がなされている者以外は退職勧奨の対象としている。

解雇についての男女差別は違法

Q 私の会社では、人員整理が行われることになり、相当数の従業員が解雇されるようです。この整理解雇者の選定基準を聞いたところ、どうやら男性は人事考課の評価が最低ランクの者が対象で、女性の場合は最高ランクではない者の全員が対象となるようです。
このようなことは法的にはどうなのでしょうか？

A 男女雇用機会均等法では、「会社は、解雇について、労働者の性別を理由として差別的取扱いをしてはならない」としています。あなたの会社のように、解雇対象者の選定にあたって、男女で異なる取扱いにすることは、解雇について、性別を理由とした差別的取扱いに該当しますので、男女雇用機会均等法違反となります。

> この違反に対する罰則はありません

ちょっと一言

解雇について男女雇用機会均等法違反とされる措置

① 解雇に当たって、その対象を男女のいずれかのみとすること。
　（典型例）　女性のみを整理解雇の対象としている。
② 解雇の対象を一定の条件に該当する者とする場合において、当該条件を男女で異なるものとすること。
　（典型例）　一定年齢以上の女性労働者のみを整理解雇の対象としている。
③ 解雇に当たって、男女のいずれかを優先すること。
　（典型例）　解雇の基準を満たす労働者の中で、男性労働者よりも優先して女性労働者を解雇の対象としている。

社宅などの福利厚生についての男女差別は違法

Q うちの会社は、マンションを借り上げて社員に貸与しています。男性は結婚しても引き続き住むことができるのですが、女性については結婚すると貸与対象者から排除され、転居しなければならないのです。これは法的にはどうなのでしょうか？

A 男女雇用機会均等法では、「会社は、住宅資金・生活資金・教育資金の貸付け、資産形成のための金銭給付、住宅の貸与などの福利厚生について労働者の性別を理由として差別的取扱いをしてはならない」としています。あなたの会社のように、女性労働者についてだけ、結婚を理由に住宅貸与の対象から排除するなど、福利厚生の実施に当たっての条件を男女で異なるものにすることは、性別を理由とした差別的取扱いに該当しますので、男女雇用機会均等法違反となります。

> この違反に対する罰則はありません

ちょっと一言

福利厚生について男女雇用機会均等法違反とされる措置

① 福利厚生の措置の実施に当たって、その対象から男女のいずれかを排除すること。
　（典型例）　男性労働者についてのみ社宅を貸与している。
　なお、男性のみ住宅の貸与があり、その差別を解消する目的で、女性に住宅手当の支給をはじめても、住宅手当では住宅貸与の代償措置とは認められないので、差別を解消したことにはなりません。

② 福利厚生の措置の実施に当たっての条件を男女で異なるものとすること。
　（典型例）　住宅資金の貸付けに当たって、女性労働者に対してのみ、配偶者の所得額に関する資料の提出を求めている。

教育訓練についての男女差別は違法

Q 私はコンサルタント会社で働いています。うちの会社では勤続3年以上の男性に対しては、スキルアップのための研修を実施しているのですが、女性に対しては、勤続5年以上で希望する者についてだけ、この研修が実施されます。希望を出すと嫌な顔をされることもあり、結局、女性はこの研修を受けないことが多いのです。このような扱いは法的にはどうなのでしょうか？

A 男女雇用機会均等法では、「会社は、教育訓練について、労働者の性別を理由として差別的取扱いをしてはならない」としています。したがって、あなたの会社のように教育訓練を行うに当たっての条件を男女で異なるものとすることは、教育訓練について、労働者の性別を理由とした差別的取扱いに該当しますので、男女雇用機会均等法違反となります。

> この違反に対する罰則はありません

ちょっと一言

教育訓練について男女雇用機会均等法違反とされる措置

① **教育訓練に当たって、その対象から男女のいずれかを排除すること。**
　（典型例）　工場実習や海外留学による研修を行うに当たって、その対象を男性労働者のみとしている。

② **教育訓練を行うに当たっての条件を男女で異なるものとすること。**
　（典型例）　女性労働者については、上司の推薦がある場合にのみ教育訓練を実施している。

③ **教育訓練の内容について、男女で異なる取扱いをすること。**
　（典型例）　男性は、教育訓練期間を1か月としているが、女性は教育課程を減らし、教育訓練期間を2週間にしている。

転勤経験がある者だけを昇進対象とするのは違法

Q 私の会社では、課長職以上は全員男性で、女性が一人もいません。その理由を会社に聞いてみたところ、「転勤を経験していることが、昇進の条件になっているからだ。」と返答されました。ただ、実際には、男性の場合は転勤経験がなくても昇進させています。
転勤経験を盾に、女性を昇進させないようにしているのではないかと思っています。このような扱いは法的にはどうなのでしょうか？

A 男女雇用機会均等法は、外見上は性別以外の事由を条件とするものであっても、以下の①から③に定めるものについては、業務遂行上の必要性などの合理性がなければ、性別に関する間接差別として禁止しています。

① 労働者の募集又は採用に当たって、労働者の身長、体重又は体力を条件とすること
② コース別雇用管理における「総合職」の労働者の募集又は採用に当たって、転勤に応じることができることを条件とすること
③ 労働者の昇進に当たり、転勤の経験があることを条件とすること

あなたの会社は、③に該当することを行っており、かつ、男性は転勤経験がなくても昇進させているようですから、転勤経験を条件とする合理性もあまりないと考えられます。

したがって、事実上女性を排除している間接差別に該当すると思いますので、男女雇用機会均等法違反となります。

> この違反に対する罰則はありません

セクハラ行為者に対し、何ら処分をしないのは違法

> 私は情報通信業の会社に勤めています。上司から性的な関係を要求されたり、体に触れられるなどのセクハラを受けています。このままでは精神的に堪えられないと思い、社長に上司のセクハラをやめさせて欲しいと申し出ました。ところが会社としては何もしてくれませんでした。退職した方が良いのでしょうか？

A 男女雇用機会均等法では、「会社は、職場におけるセクシュアルハラスメント（＝性的いやがらせ。以下セクハラ）のないよう、労働者からの相談に応じ、適切に対応するために必要な体制の整備その他雇用管理上必要な措置を講じなければならない」としています。

具体的には、会社が職場におけるセクハラが生じた事実を確認した場合には、その行為者に対して必要な懲戒処分などの措置を講じ、併せて、そのセクハラの内容と状況に応じて、被害労働者と行為者の間の関係改善に向けての援助や、被害者と行為者を引き離すための配置転換、被害者の労働条件上の不利益の回復等の措置を講じることとされています。

したがって、あなたの会社のように、セクハラの事実を確認しているにもかかわらず何ら措置を講じないのであれば、男女雇用機会均等法違反となります。

> この違反に対する罰則はありません

職場におけるセクシュアルハラスメント

　職場におけるセクシュアルハラスメントは、対価型セクシュアルハラスメントと環境型セクシュアルハラスメントの2種類のものに分けられます。

　対価型セクシュアルハラスメントとは、職場において行われる性的言動に対しての労働者の対応により、その労働者が解雇、降格、減給等の不利益を受けることをいいます。
（典型例）　上司から性的勧誘を受けたが、それを断ったため減給となった。

　環境型セクシュアルハラスメントとは、職場において行われる労働者の意に反する性的な言動により労働者の就業環境が害されることをいいます。
（典型例）　性的な経験を聞いたり、性的な情報を社内に流したりされる。

　いずれのセクシュアルハラスメントについても、会社は雇用管理上の措置を講じる義務を負っています。

第8章

解雇
でよくある違法行為

この章では、解雇について労働者の権利と会社の義務、それとよくある違反行為などをあげていきます。

※解雇は、その個別事件ごとに裁判所等が有効・無効を判断していくので、一概に、その解雇が有効・無効であるのかを述べることは本来できないのですが、過去の裁判例や学説などに基づく現在の考え方で、事例を作成してあります。

解雇とはどのようなことをいうのか？

Q 解雇とは、どのようなことをいうのですか？

A 解雇とは、会社の一方的な意思表示によって労働契約を解約することをいいます。

解雇は、一般に、懲戒解雇、普通解雇、整理解雇に大別されます。

懲戒解雇は、労働者に何かしらの過失があり、そのペナルティーとして（懲戒処分として）解雇を行うことをいいます。

普通解雇は、その範囲について一様ではないですが、一般には労働契約上、予定している労務の提供を労働者が行えないことを理由とする解雇をいい、懲戒処分として行うもの以外をいいます。

整理解雇は、その本質においては普通解雇と変わるところはありません。ただし、会社側に人員削減の必要性があるときに行われるため、労働者側に何ら過失がない場合にも行うことができる点でやや特殊な面があり、別個に扱われることが多いです。

ちょっと一言

解雇以外の労働契約の終了原因

合意解約：労働者と使用者が合意によって労働契約を解約すること
辞　　職：労働者による労働契約の解約
定　　年：労働者が一定の年齢に達したときに労働契約が終了する制度
期間満了：期間の定めのある労働契約における期間の満了

妊娠や出産で労働能率が低下したことを理由に解雇するのは違法

Q 私は企画会社に勤務している会社員です。現在、妊娠しているのですが、勤務を続けています。ただ、つわりが酷く、体調がすぐれませんので会社を休んだり早退したりして、他の人に迷惑を掛けております。先日、上司より「ちゃんと勤務できないなら会社を辞めてくれ。」と言われました。私はこのまま会社を辞めなければいけないのでしょうか？

A 男女雇用機会均等法では、「会社は、女性労働者が妊娠したこと、出産したこと、妊娠や出産が原因で能率低下又は労働不能が生じたことなどを理由として、当該女性労働者に対して、解雇その他不利益な取扱いをしてはならない」としています。

あなたは、明らかに妊娠が原因で欠勤や早退といった労働不能が生じているわけですから、それを理由に、会社はあなたを解雇することはできません。もし、あなたを解雇すれば男女雇用機会均等法違反となります。

また、男女雇用機会均等法では、「妊娠中の女性労働者及び出産後１年を経過しない女性労働者に対してなされた解雇は、会社が妊娠等を理由とするものでないことを証明しない限り、無効とする」としています。

> この違反に対する罰則はありません

ちょっと一言

男女雇用機会均等法で禁止している解雇

男女雇用機会均等法は、以下の解雇も禁止しています
① 女性労働者が結婚したことを理由として解雇すること
② 労働者が紛争解決の援助を都道府県労働局に求めたこと、及び紛争調整委員会の調停の申請をしたことを理由として解雇すること

介護休業を請求した労働者を解雇するのは違法

> 私は広告代理店に勤務しています。妻が交通事故による負傷で入院していたのですが、先日、退院し自宅での静養となりました。当分の間、歩くこともできない状態なので、私が側について介護せざるを得ません。ですから、会社に介護休業を3か月ほど取らせて欲しいと申し出ました。すると「うちの会社は介護休業など認めていないので、長期に休むつもりなら辞めてくれ。」と言われました。
> 私はこのまま会社を辞めなければならないのでしょうか？

育児・介護休業法では、「要介護状態にある対象家族を介護する労働者は会社に申し出ることにより、介護休業を取得することができ、会社はこの労働者からの介護休業の申出を拒むことはできない」としています。

対象家族とは、以下の①と②の者をいいます。

① 配偶者・子・父母・配偶者の父母
② 同居し、かつ、扶養している祖父母・孫・兄弟姉妹

あなたの奥さんは、対象家族であり、要介護状態にありますので、あなたは介護休業を取得することができます。会社があなたの介護休業の申出を拒否すれば、育児・介護休業法違反となります

また、この法律は、「会社は、労働者が介護休業の申出をし、又は介護休業をしたことを理由として、解雇その他不利益な取扱いをしてはならない」ともしています。

ですから、会社があなたの介護休業を理由として解雇すれば、育児・介護休業法違反となります。

> この違反に対する罰則はありません

宗教上の信仰を理由に解雇するのは違法

Q 私は、ある宗教を信仰しています。会社で布教活動などを行ったりしたことはありません。ところが、先日、この宗教の信者であることが社長の耳に入りました。すると、社長から、「そのような宗教に入信している者は信用できない。申し訳ないが辞めてくれ。」と言われました。私は辞めなければならないのでしょうか？

A 労働基準法では、「会社は、労働者の国籍、信条又は社会的身分を理由として、賃金、労働時間その他の労働条件について、差別的取扱いをしてはならない(均等待遇の原則という)」としています。

ここでいう「信条」には、宗教上の信仰も含まれます。また、ここでいう「労働条件」とは、労働契約関係における労働者の待遇の一切をいい、「解雇」も含みます。つまり、会社があなたの宗教の信仰を理由として解雇した場合は、信条を理由とした労働条件の差別的取扱いに該当しますので、労働基準法違反となります。

| この違反に対する罰則 | 6か月以下の懲役又は30万円以下の罰金 |

業務災害で会社を休んでいる間の解雇は違法

Q 私は、先日、作業中に転倒し、右足と左腕を複雑骨折してしまい、全治2か月と診断されました。現在休業中で、労災保険の休業補償給付を受けているのですが、会社から解雇が言い渡されました。職場復帰に時間がかかるとはいえ、あまりにも冷たい対応だと思っています。このような解雇は許されるのでしょうか？

A 労働基準法では、「会社は、労働者が業務上負傷し、又は疾病にかかり療養のために休業する期間及びその後30日間は解雇してはならない」としています。この期間を解雇制限期間といいます。

あなたは、業務上の負傷による休業期間中なわけですから、解雇制限期間中であり、会社はあなたを解雇することができません。あなたを解雇すれば労働基準法違反となります。

なお、労災保険の保険給付は退職したからといって、支給を打ち切ったりしませんので、あなたが、会社を仮に退職しても、引き続き休業補償給付は支給されます。

会 社 員
業務上の傷病による休業期間　30日
解雇制限期間

この違反に対する罰則	6か月以下の懲役又は30万円以下の罰金

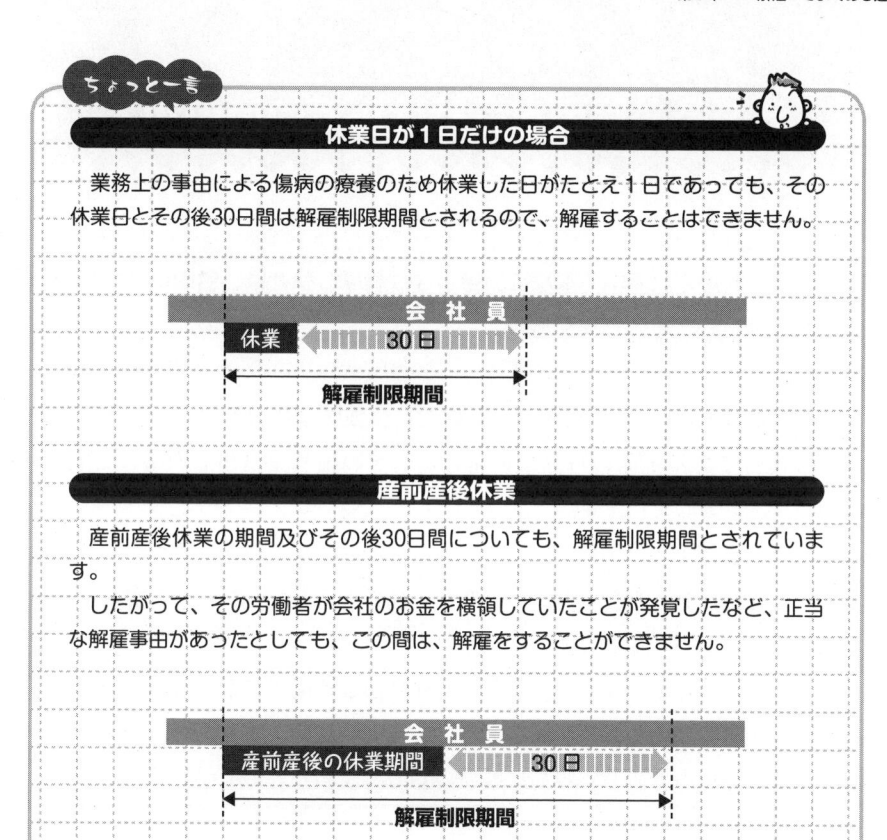

ちょっと一言

休業日が1日だけの場合

　業務上の事由による傷病の療養のため休業した日がたとえ1日であっても、その休業日とその後30日間は解雇制限期間とされるので、解雇することはできません。

```
                    会 社 員
           ┌────────────────────┐
           │ 休業  ⇔  30日  ⇔  │
           └────────────────────┘
              ←── 解雇制限期間 ──→
```

産前産後休業

　産前産後休業の期間及びその後30日間についても、解雇制限期間とされています。
　したがって、その労働者が会社のお金を横領していたことが発覚したなど、正当な解雇事由があったとしても、この間は、解雇をすることができません。

```
                      会 社 員
        ┌────────────────────────────┐
        │ 産前産後の休業期間 ⇔ 30日 ⇔│
        └────────────────────────────┘
           ←────── 解雇制限期間 ──────→
```

そもそも解雇を会社はしていいのか？

Q 法律上禁止されている解雇に該当しなければ、会社は、自由に、労働者を解雇できるのですか？

A 労働契約法では、「解雇は、客観的に合理的な理由を欠き、社会通念上相当であると認められない場合は、その権利を濫用したものとして、無効とする」としています。

つまり、解雇することについて客観的に合理的な理由があり、かつ、社会通念でみても解雇しても仕方がないと認められるような場合にしか、解雇は有効に成立しないということです。

裁判所は、解雇事由が存在しても、解雇事由との関係で解雇という帰結が社会通念上相当といえるかの判断を厳格に行っています。すなわち、労働者側に有利な事情を極力考慮し、容易に解雇の効力を認めないのです。

> **ちょっと一言**
>
> **高知放送事件**
>
> アナウンサーであった労働者が、担当する10分間のラジオニュースについて、2週間に2回の寝過ごしによる放送事故を起こし、解雇された事件がありました。裁判所は、「諸々の事情を考慮すると、解雇をもって臨むことは、いささか苛酷にすぎ、合理性を欠き、必ずしも社会的に相当なものとして是認することはできないと考えられる余地がある。」として、解雇権の濫用で無効としています。

傷病による勤務不能を理由とした解雇は有効か？

Q 私は、経理事務をやっているのですが、持病の腰痛が悪化して入院することになりました。職場復帰するのに1か月ぐらいかかり、その後に出社してもしばらくは無理ができないと会社に連絡しました。うちの会社の就業規則には、「心身の状況が業務に堪えられないとき」という解雇事由が定められているのですが、会社から、これに該当するので辞めてくれと言われました。私は、このまま辞めなければいけないのでしょうか？

A 傷病により働けない状態となれば、労働契約上、予定している労務の提供を労働者はできなくなるわけですから、普通解雇は可能です。多くの会社が、「身体の障害により業務に堪えられない場合」を解雇事由として就業規則などに規定しています。

ただ、傷病により労働不能状態になったからといって、それだけで直ちに解雇できるわけではありません。

その傷病により、ある程度長期間労務の提供が出来ない状態となっている場合に、はじめて有効とされます。ただ、その傷病がどのくらいの状態であれば解雇可能であるのか、どれくらいの期間欠勤すれば解雇可能であるのか、これらについて明確な基準があるわけではありません。個別に解雇の妥当性が判断されます。

ただ、裁判例では、3か月程度の病欠をし解雇された事案について、「職場復帰が可能な程度まで健康が回復し、欠勤期間も適宜、病状について診断書を提出などをしていたものであるから、本件解雇は合理的な理由なく、社会通念上相当として是認することができないものであることは明らかといえ、本件解雇は解雇権の濫用にあたる。」と判断したものがあります。

あなたの場合は、1か月程度で元の職場に復帰できるようですし、また、通

常、傷病の場合の休暇・休職制度があり、それを利用しても復職できない場合などに解雇・退職といった扱いをするのが一般的です。いきなり解雇というのはかなり問題があり、あなたの解雇は無効とされる可能性が高いと思います。

ちょっと一言

傷病による解雇で有効とされた場合

脳卒中で倒れて半身不随になり入院治療を受けていた私立高校の保健体育の教師が、2年あまり後に職場復帰を申し出たところ、就業規則に定める解雇事由の「身体の障害により業務に堪えられないとき」に該当するとして解雇されたケースでは、解雇権の濫用に当たらないとして、解雇が有効とされています。

休職制度の適用がない解雇は有効か？

Q 私は、病気により長期的に労務の提供ができなくなり、休職制度を適用しても職場復帰できるかどうかわからないほどの状態となってしまいました。会社は、復帰が見込めないことを理由に、休職制度の適用をすることなく私を解雇しました。復職が全く期待できないわけではないので、できれば休職扱いにしてほしいと思っています。

A 多くの会社で休職制度が設けられています。この休職制度とは、労働者が傷病で労務を提供できなくなった時などに、いきなり解雇するのではなく、休職させ、その期間満了までに労務提供が可能になれば職場復帰させ、解雇しないで済むようにするというものです。つまり、労働者が労務の提供をできなくなった時の一種の解雇猶予措置だと考えられています。

　この考え方から言えば、職場復帰できる状態に回復する可能性がないのであれば、休職制度を適用する意味があまりない事になります。

　したがって、植物状態になってしまうなど、完全に職場復帰が不可能というような状態にまでなってしまったケースでは、休職させることなく解雇しても有効になる可能性はあると思います（もちろんこのような者についても休職制度の適用は可能ではあります）。

　休職制度を適用しても復帰の可能性が不明な場合は、休職制度を適用せずに解雇するのは、相当の裏付けがない限りは不当なものとなる可能性が高いと思います。

　ですから、あなたのように、復職の可能性が多少でもある者については、休職制度を適用した上、その期間満了の時点で復職の可能性を判断し、不可能であればそのまま退職という扱いをするのが一般的です。まずは、会社に休職制度を適用するように申し出てみましょう。

人工透析を受けていることを理由とした解雇は有効か？

Q 私は、腎臓障害により人工透析を週2回受けることになってしまいました。ただ、医師からは、人工透析をきちんと受ければ通常勤務は可能との診断を受けています。ところが、会社から心身の状況が通常業務に堪えられないという理由で、解雇されてしまいました。このような解雇は許されるのでしょうか？

A ダンボール印刷の製版業務に就いていた透析患者（4時間を1週2回）が、心身の障害により業務に堪えられないことを理由に解雇されたケースの裁判例があります。この労働者は、あなたと同じように、人工透析をきちんと受ければ就労可能との医師の診断を受けており、途中からは夜間透析を受けているので週に2日残業ができなくなるほか勤務に支障を及ぼすものではありませんでした。この労働者の解雇は無効とされています。

　あなたも、就労可能との医師の診断を受けているわけですから、仕事内容や勤務状況からみて、たいして勤務に支障を及ぼすことにならないなら、解雇が無効になる可能性が高いと思います。

勤務成績不良・能力不足を理由とした解雇は有効か？

Q 私は、印刷会社の営業部に勤務していましたが、先日、会社から、勤務成績不良を理由に解雇が言い渡されました。確かに、私は営業ノルマを達成できなかったことが結構ありましたし、営業成績が営業社員20名のうち、最下位になったことも何度かありました。また、解雇されるまでの数年は、営業事務の方を多くやらされていました。しかし、成績が上位になったこともあり、他の社員にくらべて、極端に成績が悪いとは思いません。このような解雇は許されるのでしょうか？

A 能力不足・成績不良は、契約上予定している労務の提供がちゃんと行われていないということで、解雇事由とはなり得ますが、それが直ちに解雇を正当化するわけではありません。能力不足・勤務成績不良については、指導・研修や配置転換等の措置によって能力・適格性の向上を図っても、なお、平均より著しく不良であることが明らかで、かつ、向上の見込みもないといった場合に、その解雇が有効になると考えられています。

あなたの場合、勤務成績が平均よりも著しく不良であるかどうかが一つ問題となりますが、仮に、著しく不良であったとしても、会社からの指導なり教育・研修などを受けずに、また、配置転換の検討や、改善のための猶予期間も設けられずに、いきなり解雇されているのであれば、この解雇は無効となる可能性が高いと思います。

なお、会社の従業員の中で下位10パーセント未満の考課順位にあり、平均的な程度に達していないという正社員についての解雇が、無効とされた裁判例があるくらい、勤務成績不良等を理由とした解雇が有効とされるのは難しいのです。

Q 私は、いわゆるヘッドハンティングをされて現在の会社に部長職で入社し、半年ほど勤務をしたところです。ところが、会社から「あなたは、当社が予定していたほどの能力を持っておらず、見込み違いであった。ついては会社を辞めてほしい。」と告げられました。私は、このような評価に納得がいかず、拒否したところ、解雇されました。このような解雇は許されるのですか？

A ヘッドハンティングした労働者の能力が見込み違いということはままあることで、そのようなリスクは、採用する会社が当然に、覚悟すべきものであり、「見込み違いである」、「思ったほど能力がない」という評価による解雇は基本的には正当な解雇とはされません。

　しかし、採用にあたって特定の知識、能力を有していることを契約の条件として明示されている場合は、それが契約の内容となっているわけですから、契約に定める能力が明らかにないようであれば、解雇が有効になることもあります。

　なお、地位を特定して雇用された労働者の場合には、能力不足の判断基準も「一般の従業員」としての能力があるかどうかではなく、その地位にある者に要求される能力があるかどうかが基準になると述べている裁判例があります。

勤務態度不良・協調性欠如を理由とした解雇は有効か？

Q 私は、人事部に所属していましたが、部長との人間関係がうまくいっておりませんでした。そのため同僚との関係もギクシャクしていたのですが、先日、その部長から、「私が自己中心的で、自分勝手な行動が目立ち、協調性も欠如しているなど、社員としての適格性を欠く」という理由で解雇が告げられました。確かに、私は協調性に欠ける部分はあるかもしれませんが、納得できません。このような解雇は認められるのでしょうか？

A あなたの言動により何らかの業務阻害や職場秩序への影響が生じているのであれば、その程度と内容によっては解雇もあり得ますが、単に自己中心的で、自分勝手というだけでは、主観的な性格に対する評価の域をでないと思われます。

　少なくとも、いつ、どのような行為が、どのような点で問題なのか、そして判断の根拠となった事実は具体的にどのようなものか、会社が示せないようであれば正当な解雇理由にはなり得ないと思います。

　なお、不都合行為をたびたび繰り返し、その都度、注意指導されても改めず、現に業務や職場秩序等への影響が無視できないほどとなっていて、反省の色もない。ここまでいくと、勤務態度不良等を理由としての解雇も認められるようです。

借金があることを理由とした解雇は有効か？

Q 私は、消費者金融等の多重債務に陥っています。この事実を知った会社は、社員としての適正が欠如しているということで、解雇を予告してきました。
会社には、消費者金融から一度電話があっただけで、迷惑はかけていないつもりです。このような解雇は許されるのでしょうか？

A 消費者金融を利用すること自体は個人的な経済活動の自由に属する事柄ですし、借金があったからといって、直ちに企業秩序を乱したり、業務遂行を妨げたりするものではありません。したがって、これのみをもって解雇することはできないと考えられています。

銀行の行員や経理部の役職者といった、自らの経済生活をより厳しく律することが求められるような地位等にある者であっても、やはり同様に、借金があるというだけで、解雇というのは難しいと考えられています。

ただ、借金の取立て等が職場に頻繁にあり、仕事がおろそかになった場合で、何度、注意しても改善されない状況であれば、十分な労務の提供なしということで、その程度によっては解雇も有効になることはあると思います。

なお、賃金業法により、貸金業者等が債権の取立てにあたり勤務先に訪問すること、職場を訪問しないまでも、頻繁に電話を掛けて催促するような行為は禁止されています。

遅刻が多いことを理由とした懲戒解雇は有効か？

Q 私は連続して遅刻を5回しました。当然、反省しているのですが、この行為に対し会社は、職場の士気に悪影響を与えたとのことで、「正当な理由なく遅刻、早退又は欠勤が重なったときには、懲戒処分をする。」という就業規則の条項に基づき、私を懲戒解雇しました。私に非がありますが、懲戒解雇になるほどのことをやったとは思えません。このような処分は許されるのですか？

A 労働契約法では、「懲戒が、その懲戒に係る労働者の行為の性質及び態様その他の事情に照らして、客観的に合理的な理由を欠き、社会通念上相当であると認められない場合は、その権利を濫用したものとして、その懲戒は無効とする」としています。

そして、懲戒処分の基本原則の一つとして、違反行為と処分の重さが釣り合っていなければならないという原則があります（相当性の原則）。また、懲戒処分の決定に当たっては、まず、軽い処分から重い処分へと段階的に検討して決定されなければならないと考えられています。

したがって、行為の動機、態様、損害の程度、業務に及ぼした影響等諸事情に照らし、より軽い処分を選択すべきにもかかわらず重たい処分をなしたような場合には、権利の濫用で無効とされます。

あなたの場合は、遅刻5回に対しての懲戒解雇ということですから、社会通念上、違反行為と処分の重さが釣り合っていないと考えられますし、もっと軽い処分を選択すべきだと思いますので、あなたの懲戒解雇は、権利濫用で無効になる可能性が高いと思います。

ちょっと一言

遅刻欠勤による懲戒解雇が有効とされた事例

　従業員が、6か月間に24回の遅刻と14回の欠勤とを事前の届出なしに行い、その間の上司の繰り返しの注意、警告にもかかわらず、かかる態度を継続したというケースでは、「正当な理由なく遅刻、早退又は欠勤が重なったときには、懲戒処分をする。」という就業規則の条項に基づいての懲戒解雇が有効とされています。

私生活上の非行に対する懲戒解雇は有効か？

> 私は、友人との忘年会の帰りに、酩酊して、他人の住居に入り込み、そのために住居侵入罪として処罰されてしまいました。このことは恥ずべきことであり猛省しております。ただ、このことを食品製造業を営んでいる会社が知ることになり、その結果、会社は就業規則の「不正不義の行為を犯し、会社の体面を著しく汚した」という条項に該当するとして、私を懲戒解雇にしました。確かに、私が悪いのですが、あくまで私生活の問題であり、会社の対面を汚したことにはならないと思います。このような懲戒解雇は許されるのでしょうか？

A 企業外で行われた私生活上の非行であっても、それが企業秩序に悪影響を及ぼしたり、会社の体面を著しく汚した場合などであれば、懲戒処分も可能と考えられています。

　私生活上の非行については、会社の組織・業務との関係、当該行為の行状・性質、当該労働者の会社内での地位などを総合的に勘案したうえで、懲戒事由に該当するかどうかの判断がされます。ですから、一概には言えませんが、あなたの行為が企業秩序に悪影響を及ぼしたり、会社の体面を著しく汚したとまで評価することはできないと思います。よって、懲戒解雇は無効となる可能性が高いと思います。

社内不倫を理由とした懲戒解雇は有効か？

Q 私は営業部の課長をしておりますが、部下の女性と社内不倫をしていました。この事は、営業部の従業員の間では、噂になっていました。先日、社長の耳にも入り、「社内の秩序、風紀を乱しているのではないか。」と私たちを叱責したうえ、就業規則の「社内の秩序、風紀を乱した」という条項に基づき、私たち2人を懲戒解雇しました。
私は、恋愛は個人の問題であり、この処分に納得できません。社内不倫を理由に懲戒解雇できるものなのでしょうか？

A 社内不倫によって、夫婦間のトラブルが社内に持ち込まれて、職場での修羅場を再三にわたって演じられるなどの社内秩序に具体的な侵害があった場合であれば、懲戒解雇が有効になる可能性もあるかと思いますが、社内不倫自体は私生活上の行為であり、これだけを理由として、男性に対しても、女性に対しても懲戒解雇を行うことはできないと考えられています。

　裁判例でも、「社内の秩序、風紀を乱した」との就業規則の規定は、「企業運営に具体的な影響を与えるものに限る」として、社内不倫自体は単純に、これに該当するものではないとし、懲戒解雇を無効にしているものがあります。

ちょっと一言

解雇が有効となった裁判例

　妻子あるバス運転手が、未成年のバスガイドを妊娠中絶させたことを理由とした解雇について、会社の社会的地位、名誉、信用を傷つけ、会社に損害を与えたとして、解雇を有効とした裁判例があります（長野電鉄事件）。

パートタイマー・アルバイトの解雇も正当な理由がなければ無効

Q 私は、パートタイマーとして働いているのですが、病気のため1週間入院することになりました。職場復帰するのに20日ぐらいかかると会社に告げたところ、「繁忙期に20日もぬけるなら辞めてもらう。」と言われました。今の会社は時給がよく、出来れば会社に残りたいと考えています。このような解雇は許されるのでしょうか？

A まず、パートタイマーやアルバイトや契約社員も労働者です。したがって、あなたを解雇する場合にも、客観的に合理的な理由がなく、社会通念でみて解雇が妥当だと認められないようであれば無効になります。

傷病を理由とした解雇であれば、169頁で述べたように、その傷病によりある程度長期間労務の提供が出来ない状態となっている場合に、はじめて有効とされます。

あなたのケースでは、とても長期間とは言えないですし、いきなり解雇ですから、やはり無効となる可能性が高いと思います。

リストラでの人員整理は許されるのか？

Q 私の会社は、経営不振を理由に、不採算部門の従業員10名を指名して解雇しました。このような解雇は許されるのでしょうか？

A 整理解雇とは、会社が経営不振の打開や経営合理化を進めるために、余剰人員削減を目的として行う解雇をいいます。整理解雇については、以下の①から④の4つの条件を満たしていない場合には無効になるというルールが確立しています。

ですから、あなたの会社の整理解雇がこの条件を満たしているかを確認してみる必要があると思います。そして明らかに満たしていないのであれば、無効になる可能性が高いです。

① 人員削減の必要性があること
② 会社が整理解雇回避のための努力を尽くしたこと
③ 被解雇者の選定基準及び選定が公正であること
④ 労働組合や労働者に対して必要な説明・協議を行ったこと

人員削減の必要性が認められない解雇は無効

Q 私は製造業を営んでいる会社で働いています。うちの会社は、社長が二代目になり新体制がスタートしたのですが、生産性の向上と利益率を上げるため、労働能率が低くなってきた50歳以上の従業員を解雇するようです。利益を追求するのは会社として当然なのでしょうが、そのために今まで貢献してきた従業員を解雇するというのはどうなのでしょうか？

A 整理解雇が有効に成立するための第1の条件は、「人員削減の必要性があること」です。解雇しなければ倒産必至という状況までは不要ですが、解雇を要する程度の高度な経営上の必要性があることは要求されています。したがって、あなたの会社のように単なる生産性向上や利潤追求のためというだけでは、人員削減の必要性は認められず、その解雇が無効とされる可能性が高いと思います。

解雇回避のための努力をせずに
行った解雇は無効

Q うちの会社は3つの工場を持っていますが、受注量が大幅に減り、赤字が続いていたようです。ですから、工場を一つ閉鎖し売却することになりました。それに伴い、閉鎖工場の従業員は全員解雇されることになりました。ただ、他の工場は人員が不足している部門もあるようなので、私たち数名の者は、他の工場への配置転換を申し出ました。しかし、交通費などの出費が増えることなどを理由に、取り合ってくれません。
このまま解雇されるのは仕方がないことなのでしょうか？

A 整理解雇が有効に成立するための第2の条件は、「整理解雇回避のための努力を尽くしたこと」です。会社は人員削減の必要性があっても、整理解雇に訴える前に種々の雇用調整措置（残業規制、退職者の不補充、有期契約の雇止め、新規採用の停止、配転・出向、一時帰休、希望退職者の募集等）を試み、解雇を回避する努力をしなければならないとされています。あなたの会社のように、他の工場への配転が可能であるにもかかわらず、その措置をとらずにした解雇は、解雇回避努力義務を欠いたものとして、無効となる可能性が高いと思います。

希望退職者募集は必ず実施しなければならないものではないですが、解雇回避措置の基本的内容とされており、それを経ない整理解雇は、無効とされやすい傾向にあります。

また、解雇を回避するため、解雇以外の措置が検討された形跡がない場合などは、解雇回避のための努力が尽くされていないということで、解雇が無効となる可能性が高くなります。

人員整理の対象者を上司の主観で選んだ解雇は無効

Q 私の会社は、長年赤字が続いている不採算部門を閉鎖し、人員削減をすることになりました。この廃止部門の従業員のうち半分が解雇で、残りの半分は他の部署へ異動となるようです。私は、解雇される方になってしまいました。会社にどのような基準で選別したのか聞いたところ、「過去の勤務態度や貢献度などを考慮し、部門長と役員達で選んだ。」と返答されました。結局、具体的な選定基準はなく、部門長と役員達の主観的なイメージで判断しただけのようです。このように人員整理の対象者を選定することは、どうなのでしょうか？

A 整理解雇が有効に成立するための第3の条件は、「被解雇者の選定基準及び選定が公正であること」です。

　労働者の能力・貢献度や、経済的打撃の低さなどの要素を勘案して、合理的な基準を定め公正な選定を行うことが要求されています。選定基準は、抽象的・主観的な基準ではなく、評価者の主観に左右されない客観的基準でなければならないと考えられています。

　あなたの会社のように、客観的基準もなく、上司の主観で選定した場合は、「被解雇者の選定基準及び選定が公正であること」に該当しませんので、無効となる可能性が高いと思います。

　一定年齢以上の高齢者を選定するなど、年齢を基準とすることは、客観的であり会社の評価という点がないことから、有効となる可能性があると思います。

従業員への説明不足による解雇は無効

Q 私の会社は、経営合理化を図るということで不採算部門を他部門へ吸収させ、人員削減をすることになりました。この不採算部門の従業員のうち一部の者が選定され解雇されるようです。ところが会社は、この件に関し説明会を1回開いただけです。それも解雇する時期と人数などの説明をしただけで、対象者の選定がどのような基準で行われるのかなど、一切説明がありませんでした。非常に不誠実な対応だと感じました。このような説明が不十分で行われた人員整理はどうなのでしょうか？

A 整理解雇が有効に成立するための第4の条件は、「労働組合や労働者に対して必要な説明・協議を行ったこと」です。労働協約に解雇協議条項がある場合はもちろん、そうした協約が存在しない場合でも、会社は信義則上、労働者側の納得が得られるような十分な説明・協議を行うことが求められます。

　一般的には、経営状況、これまでの経営改善努力、今後の経営見通し、解雇される人数、解雇の時期、解雇回避のためとってきた措置、選定基準などの説明は必要と考えられています。また、労働者側からの質問には誠意をもって回答することも必要とされています。

　あなたの会社のように、説明・協議義務を尽くすことなく行われた整理解雇は、無効とされる可能性が高いと思います。

> **ちょっと一言**
>
> ### 整理解雇の4要素
>
> 　整理解雇の4条件を4要素と解する裁判例があります。4条件と解すると、そのすべてを満たさなければ、解雇無効となるのに対し、4要素と解すると、整理解雇の効力は各要素の総合判断となり、ある要素が欠けても解雇有効となり得るため、解雇規制の緩和になるといわれています。

予告がない解雇は違法

Q 私は、人員整理の対象となり、解雇されることになりました。解雇予告通知書には、この通知を受けてから10日後が解雇日となっています。解雇されることは仕方がないとしても、突然すぎて困ってしまいます。

A 労働基準法では、「会社は、労働者を解雇しようとする場合においては、少なくとも30日前にその予告をしなければならない。30日前に予告をしない会社は、30日分以上の平均賃金（解雇予告手当）を支払わなければならない」としています。

ただ、この解雇予告の日数は、平均賃金を支払った日数分だけ短縮することが可能です。ですから、あなたの場合は予告期間が10日間しかないわけですから、会社は少なくとも20日分の平均賃金（解雇予告手当）を支払わなければなりません。これを支払わない場合は労働基準法違反となります。

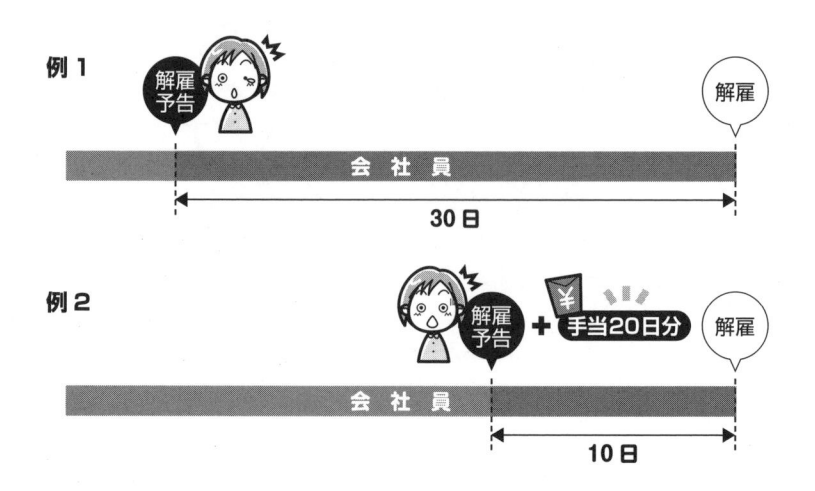

例1　解雇予告 → 会社員 → 解雇　30日

例2　解雇予告 + 手当20日分 → 会社員 → 解雇　10日

■平均賃金

労働者に解雇の通告をした日の直前の賃金締日以前3か月間に支払われた賃金の総額を、その3か月間の総日数で除して得た額をいいます。

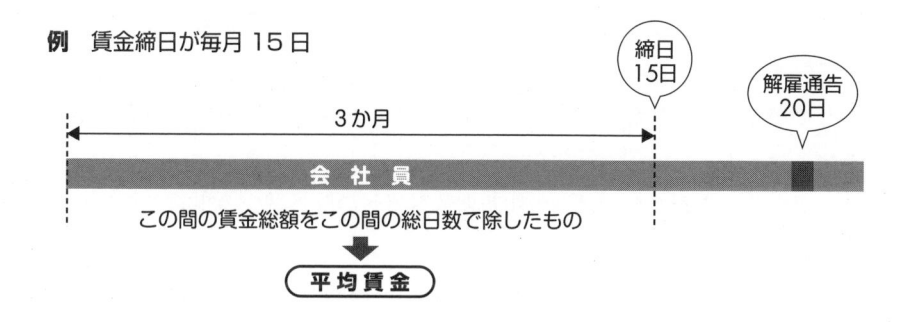

例　賃金締日が毎月15日

```
                        締日      解雇通告
                        15日      20日
|←――――― 3か月 ―――――→|
━━━━━━━ 会 社 員 ━━━━━━━━━━
   この間の賃金総額をこの間の総日数で除したもの
                ↓
            [ 平 均 賃 金 ]
```

| この違反に対する罰則 | 6か月以下の懲役又は30万円以下の罰金 |

Q 私は先日会社からいきなり即時解雇を告げられました。もともと上司とそりがあわなかったので、会社を退職することは構わないのですが、経歴詐称による解雇だからと言って、解雇予告手当を払ってくれません。
私が採用時に事務職の経歴が10年あると言ったことについて、その上司が勝手に経理業務歴が10年と勘違いしたことを経歴詐称と言っているのです。私は経歴詐称などしていません。このようなことは許されるのですか？

A 会社は、解雇予告をしない場合には、少なくとも30日分の平均賃金(解雇予告手当)を払わなければなりません。ただし、労働者に重大又は悪質な義務違反や背信行為があり、それを理由として解雇する場合は、解雇予告手当を支払うことなく即時解雇をできることになっています。

例えば、労働者が会社内で窃盗・横領・傷害等刑法犯に該当する行為をし、それを理由として解雇する場合や採用条件として重要な要素を経歴詐称し、それが判明したため解雇する場合などが、原則としてこれに該当します。

このような場合で、解雇予告手当を払うことなく即時解雇するときには、労働基準監督署の除外認定を受けなければなりません。

あなたの場合ですが、お話を聞く限りでは、とても経歴詐称にあたるとは思えません。つまり、労働者に重大又は悪質な義務違反や背信行為があっての解雇に該当しません。

したがって、会社が解雇予告手当を支払わない場合は労働基準法違反となります。

おそらくあなたの会社は、労働基準監督署への除外認定の申請さえしていないと思います。

それだけでも労働基準法違反です。仮に会社が除外認定を申請しても労働基準監督署は認定せず、解雇予告手当の支払いを指導するでしょう。

この違反に対する罰則	6か月以下の懲役又は30万円以下の罰金

ちょっと一言

パートタイマー等にも解雇予告は必要

パートタイマー・アルバイト・契約社員・嘱託・派遣社員なども、労働者ですから、労働基準法の解雇予告の規定は適用されます。会社は、これらの労働者を解雇する場合も、30日前に予告するか、又は解雇予告手当の支払いをしなければなりません。

会社は解雇予告の取消しを一方的にはできない

Q 私の会社では業績悪化による人員整理が行われることになり、私も先日、解雇が予告されました。解雇日まではまだ期間がありますが、求職活動を行い再就職先を何とか見つけました。ところが、会社から「解雇予告を取り消すから、もうしばらく働いてほしい。」と言われました。私がこの申入れを拒否したところ、自己都合退職扱いにされました。
このような扱いは許されるのですか？

A 会社が行った解雇予告の意思表示は、一方的には取り消すことができません。労働者が自由な判断によって同意を与えた場合に、取り消すことができるのです。会社が解雇予告の取消しを申し出てきた場合に、労働者がそれに同意しないからといって、自己都合退職になるわけではありません。退職理由を問われる場面(例えば、雇用保険の失業給付を受ける場合など)があれば、解雇である旨をちゃんと主張できます。

解雇理由は文書で交付しなければならない

Q 私は、能力不足と協調性欠如を理由に解雇されることになりました。私は、解雇は不当である旨を主張しましたが受け入れてくれません。ですから、都道府県労働局の援助制度や労働審判制度などを利用することを考えています。ただ、その時になって、会社が解雇理由などを偽証することも考えられるので、会社に対して解雇理由の証明書の交付を求めました。しかし、拒否されました。会社は、私の求めに応じる義務はないのでしょうか？

A 労働基準法では、「労働者が、退職の場合において、その会社での雇用期間、従事していた業務の種類、その会社での地位、賃金又は退職の事由（退職の事由が解雇の場合は、その理由を含む）について証明書を請求した場合は、会社は、遅滞なくこれを交付しなければならない」としています。また、「解雇予告の期間中であっても、労働者が解雇理由についての証明書の交付を請求した場合は、会社はこれを交付しなければならない」としています。ですから、あなたが解雇理由についての証明書の請求をした場合は、それが解雇予告期間中あるいは退職後であっても、会社は拒否することはできません。

この請求を拒否し証明書を交付しない場合は、労働基準法違反となります。

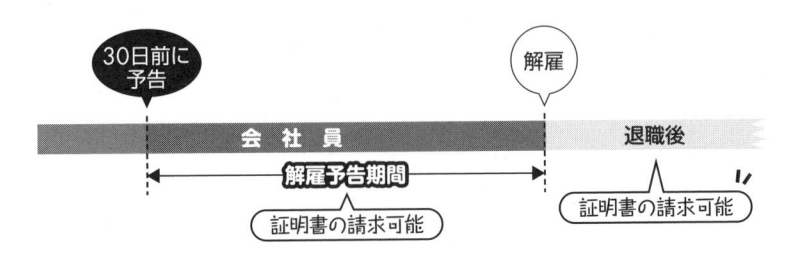

```
      30日前に                    解雇
       予告
　　　　│　　会　社　員　　│　　退職後
　　　　│←──解雇予告期間──→│
　　　　　　　証明書の請求可能　　　証明書の請求可能
```

この違反に対する罰則	30万円以下の罰金

虚偽の証明

　労働者と会社との間で退職の事由について見解の相違がある場合、会社が自らの見解を証明書に記載し労働者の請求に対し遅滞なく交付すれば、基本的には労働基準法違反とはなりません。ただ、それが虚偽であった場合（会社がいったん労働者に示した事由と異なる場合など）には、退職時の証明書の交付義務を果たしたことにはなりません。また、退職時の証明は、その請求回数に制限がありませんので、会社は、何度でも労働者の請求に応じる必要があります。

正当な理由がない内定の取消しは無効

Q 私は学生ですが、希望していた会社から内定がでて、安心していました。ところが、入社1か月前になって、その会社から、「業績が悪化したため人員計画を変更せざるを得なくなり、誠に申し訳ないが内定を取り消す。」との通知が来ました。非常に困っています。このようなことは許されるのでしょうか？

A 採用内定は、会社から内定通知が学生に届いた時点で、一定の条件付き（解約権留保付き）の労働契約が成立したと考えられており、内定取消しは、解雇と同様に考えられます。

したがって、客観的に合理的な理由を欠き、社会通念上相当であると認められない場合は、その権利を濫用したものとして無効とされます。

あなたの場合は、その会社の業績の悪化状況によります。

内定した時には予想もできなかった不況の深刻化で会社の人員計画を大幅に変更せざるを得ず、中高齢の管理職にもやめてもらわなければならない事態になっている。そこまで悪化しているようなら、その内定取消しも認められる可能性がありますが、会社の業績が多少悪くなったという程度であれば、内定取消しが、権利濫用で無効とされる可能性は高いと思います。まずは、その会社に「内定取消しは不当ではないのか」と申し出てみましょう。

試用期間中の労働者を解雇する場合も解雇予告は必要

Q 私は機械販売業の会社に入社しました。3か月間は試用期間です。私は、入社して1か月経過したところで重大なミスをしてしまいました。そのため会社から適性がないということで解雇されることになりました。私のミスが原因ですから、解雇も仕方がないと思っています。
ただ、試用期間中の解雇だから解雇予告手当なしでの即時解雇と言われています。これは法的には問題ないのですか？

A 試用期間中であっても、会社の一方的な意思表示での労働契約の解約であれば解雇にあたります。労働基準法では、「試用期間の最初の14日以内に解雇する場合には、解雇予告の規定を適用しない」としています。つまり、解雇予告手当の支払いをすることなく即時解雇が可能ということです。

しかし、あなたの場合は、試用期間の最初の14日以内での解雇ではありませんので、解雇予告の規定は適用されます。したがって、あなたの会社は解雇予告をするか、予告なく解雇するのであれば解雇予告手当の支払をしなければなりません。解雇予告手当なしで即時解雇を行えば、労働基準法違反となります。

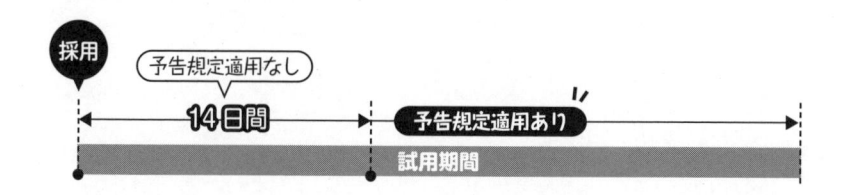

この違反に対する罰則	6か月以下の懲役又は30万円以下の罰金

ちょっと一言

解雇予告の規定が適用されない者

2か月以内の期間（季節的業務の場合は4か月以内の期間）を定めて使用される者は、原則として解雇予告の規定が適用されません。

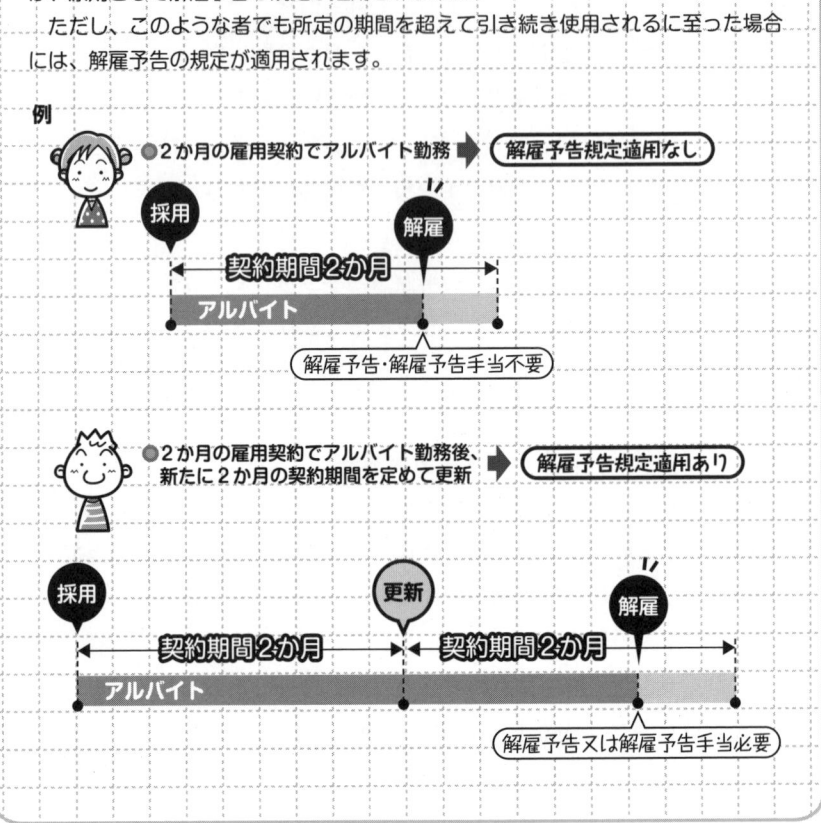

ただし、このような者でも所定の期間を超えて引き続き使用されるに至った場合には、解雇予告の規定が適用されます。

例

● 2か月の雇用契約でアルバイト勤務 → 解雇予告規定適用なし

採用 ─ 契約期間2か月（アルバイト）─ 解雇
解雇予告・解雇予告手当不要

● 2か月の雇用契約でアルバイト勤務後、新たに2か月の契約期間を定めて更新 → 解雇予告規定適用あり

採用 ─ 契約期間2か月（アルバイト）─ 更新 ─ 契約期間2か月 ─ 解雇
解雇予告又は解雇予告手当必要

試用期間後の本採用拒否は、正当な理由なければ無効

Q 私は、3か月の試用期間を経過したのですが、会社から「性格が社風にあっていないし、応用力に欠け能力的に不十分である。」と言われ、本採用をしてもらえませんでした。
まだ、勤務してから3か月であり、社内にとけ込んではいませんが、性格的に何が問題なのかわかりません。また、仕事は遅いかもしれませんが、言われる程、能力が劣っているとは思えません。本採用が拒否されることはやむを得ないことなのでしょうか？

A 試用期間を定めて、その期間終了後の本採用を拒否することも解雇と考えられています。つまり、本採用拒否も客観的に合理的な理由がなく、社会通念上相当であると認められない場合は、その権利を濫用したものとして、無効になるということです。

　性格的問題や能力不足を理由とする場合には、それが客観的にみて雇用を継続することが困難だと認められるぐらいひどいなら、本採用拒否も有効とされるでしょうが、性格面についての判断が、上司の主観的な要素が強いとか、能力不足も平均よりやや低い程度であれば、本採用拒否が無効になる可能性が高いと思います。

　なお、本採用拒否も解雇と考えられていますので、解雇予告又は解雇予告手当の支払いは必要です。

契約期間中の解雇は無効

私は税理士事務所に1年の契約で働くことになりました。まだ、採用されてから3か月しかたっていないのですが、税理士の先生より「即戦力として雇ったが想定していたより仕事が遅い、悪いが辞めてくれ。」と言われました。私は期間が満了するまでは働きたいと申し出ましたが、拒否されました。このようなことは許されるのでしょうか？

労働契約法では、「会社は期間の定めのある労働契約について、やむを得ない事由がある場合でなければ、その契約期間が満了するまでの間において、労働者を解雇することはできない」としています。ここでいう「やむを得ない事由」があると認められる場合は、「客観的に合理的な理由」があり、「社会通念上相当である」と認められる場合よりも狭いと解されています。つまり、通常の解雇よりも、より高度な合理的理由と相当性が必要であり、これが認められなければ解雇が無効になるということです。

したがって、あなたの場合のように、能力が想定外というだけではとても「やむを得ない事由」に該当するとは思えませんので、無効になる可能性は高いと思います。

パートや契約社員の契約更新拒否は許されるのか？

私は、パートタイマーとして働いています。6か月間の雇用契約を8回更新し、4年以上働いてきましたが、先日、会社から、「現在の契約期間が満了した時点で退職してもらいます。」と言われました。私としては、また契約更新し、働き続けたいと思っていますので、「契約更新をして欲しい」と会社に伝えましたが、拒否されました。次の仕事を探すにしても年齢的に難しく、困ってしまいます。
このようなことは許されるのですか？

A 契約期間が満了すれば、自動的に雇用関係が終了します。これは、会社が一方的な意思表示で労働契約を終了させたものではありませんから、解雇にあたりません。また、新たに労働契約を締結するかどうか（更新するかどうか）は、当事者の自由ですから、当事者はお互いに更新を拒否することができるのが原則です。

しかし、「契約の更新が何度も行われ、実質的に期間の定めがない契約と変わらない状態となっている場合」、あるいは「労働者が雇用継続について高い期待を持つような合理的な事情が存在する場合」などは、契約の更新を拒絶することについて相当と認められる特段の事情がない場合には、更新拒否を認めないとした判例があります。

あなたの場合、8回も更新していますから、「労働者が雇用継続について高い期待を持つような合理的な事情が存在する場合」に該当している可能性が高いです。ですから、会社の更新拒否の理由によっては、その更新拒否が認められない可能性は十分あります。まずは、更新拒否の理由を確認してみましょう。

ちょっと一言

契約期間満了による更新のルール

① **雇止めの予告**
会社は、労働契約締結時には、更新することがあり得る旨を明示していた場合において、結局、その契約の更新をしないこととした場合には、少なくとも契約期間が満了する日の30日前までに、その予告をしなければなりません。
ただ、この予告が必要になるのは、1年を超えて継続勤務している労働者又は3回以上契約更新している労働者について、更新をしない場合(雇止めをする場合)に限られています。

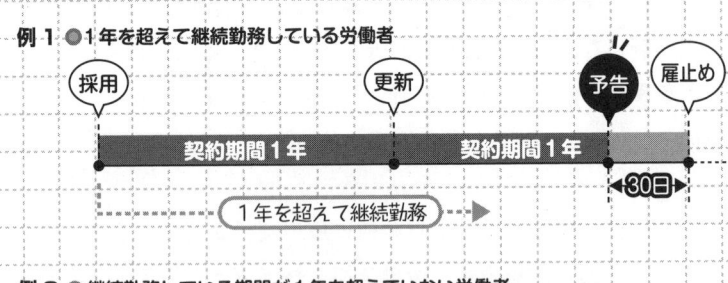

例1 ●1年を超えて継続勤務している労働者

採用 ─── 契約期間1年 ─── 更新 ─── 契約期間1年 ─── 予告 / 雇止め
← 1年を超えて継続勤務 → ｜←30日→｜

例2 ●継続勤務している期間が1年を超えていない労働者

採用 ─── 契約期間1年 ─── 雇止め → 予告義務なし

例3 ●3回以上更新している労働者

採用 ─ 契約2か月 ─ 1回更新 ─ 契約2か月 ─ 2回更新 ─ 契約2か月 ─ 3回更新 ─ 予告 / 雇止め
｜←30日→｜

② **雇止めの理由の証明書**
会社は、雇止めの予告後に、労働者から雇止めの理由についての証明書を請求された場合は、遅滞なくこれを交付しなければなりません。また、雇止めの後に労働者から請求された場合も同様です。

第9章

退職
でよくある違法行為

この章では、「退職」について労働者の権利と会社の義務、それとよくある違反行為などをあげていきます。

退職願を会社が承認しない場合でも退職できる

> 私の会社の就業規則には、「退職する場合には、退職日の3か月前に退職願を提出し、会社の承認を得なければならない」という条項があります。私は、まず最初に、上司に対して退職の申出を行いました。会社は、私の退職を認めない旨を告げてきたのですが、私はそれを無視して、希望退職日の1か月前に退職願を提出しました。
> 私は、希望退職日に退職できるでしょうか？

民法では、「期間の定めがない雇用契約においては、原則として退職の意思表示後、2週間経過すれば雇用契約は終了する」としています。つまり、いくら会社が就業規則に「会社の承認を得なければならない」と定め、それを根拠に退職を認めないといっても、労働者は2週間の予告をすれば、退職することができるのです。

ですから、会社としては、あなたの退職希望日にあわせて退職を認め、合意退職にするしかないでしょう。

ちょっと一言

損害賠償

会社が退職に伴う社会保険に関する諸手続などを速やかに行わなかったために、労働者の転職が遅れたとして、会社側に約193万円の損害賠償金の支払いを認めた裁判例があります。反対に、2週間の予告期間を置かない突然の退職について、労働者の損害賠償責任を認めた裁判例もあります。

退職願の撤回は可能

Q 私は、他の会社から誘いがあったため、人事部へ退職願を提出しました。人事部長が不在だったため、「後日、会社として退職を承認するかどうかを伝える。」と言われました。退職願を提出した翌日に、再就職を予定していた会社から、採用の見送りが伝えられました。私は、すぐ人事部へ行き退職願の撤回を申し出たのですが、その翌日に、人事部長より退職承諾の通知書を渡されました。
出来れば、このまま退職したくありません。退職願は撤回することはできないのでしょうか？

A 労働者が退職の意思表示を行った後にそれを撤回できるかというと、合意解約の申込みである退職願の場合は、会社の承諾の意思表示があるまでは、撤回できると考えられています。ただし、撤回を認めることが会社に不測の損害を与えるなど信義に反するような特段の事情があるときは、一方的な撤回は許されないとも考えられています。

あなたの場合、会社の承諾の意志表示がある前に撤回しているわけですから、会社側の事情にもよりますが、撤回できる余地はあります。

撤回が認められる場合であるにもかかわらず、会社が撤回を認めないで、そのままあなたを辞めさせた場合は、解雇したものと評価される可能性もでてきます。

ちょっと一言

辞　職

労働者の一方的解約である辞職の意思表示の場合は、合意解約の場合とは異なり、会社に到達した時点で解約告知としての効力を生じ、撤回できないと考えられています。

退職の意思表示が本心でなかった場合

Q 私は、業務上のミスで会社に損害を与えてしまいました。社長より、勤務継続の意思があるならそれなりの文書を用意せよとの指示に従い、反省しているという意味で「進退伺い」を提出しました。もちろん、提出する時に勤務継続の意思があり、退職する意思はないことを表明しています。ところが、この「進退伺い」は退職の意思表示であり、会社はこれを承諾すると言ってきました。私は、退職の意思はない旨を主張したのですが認めてもらえませんでした。このまま退職しなければいけないのでしょうか？

A あなたのケースを形式的にみれば、あなたは「進退伺い」を提出し、ご自身の去就を会社に任せたわけです。そして、会社はあなたに去ってもらうと判断したわけです。ですから法的に問題ないように見えます。

しかし、これを実質的にみると、退職する意思がないのが、あなたの真意なわけです。それにもかかわらず、表面上、「進退伺い」を提出し、退職する意思があることを表示したわけです。これは民法でいう心裡留保にあたると考えられます。

心裡留保とは、簡単にいえば、真意とは違う意思表示をすることです。

通常、意思表示された相手方は、その意思表示が真意と異なっていることが分かりませんので、相手方保護の観点から、このような意思表示も有効とされています。

ただ、相手方が真意を知り、あるいは知るはずであった場合、相手方の保護の必要はなくなりますので、その意思表示は無効とされます。

あなたの場合、会社は、あなたが退職する意思がない真意を知っていたわけです。したがって、あなたの進退伺いによる退職の意思表示は無効になると思います。

強迫による退職願は取り消せる

Q 私は、年次有給休暇を全部取得してしまい、もう残っていません。ただ、彼女とどうしても行きたい所があったので、病気と偽り会社を欠勤しそこに行きました。ところが、この事実が発覚してしまい、そのため上司から、「本来なら懲戒解雇で、退職金が全額不支給になるところであるが、懲戒解雇だと次の再就職も困難になってしまうから任意退職にしてやる。」と言われ、渋々退職願を提出しました。
しかし、その後、この程度では懲戒解雇にならないことを知ることになり、退職の撤回を申し出たのです。しかし、会社は認めてくれませんでした。このまま退職しなければいけないのでしょうか？

A 労働者に何かしらの懲戒事由がある場合に、その者に対して懲戒解雇処分もあり得る旨を告げ、そうなった場合の利害得失を説いて、退職願を提出させ、依願退職のかたちで雇用契約を終了させることはよくあることです。本当に懲戒解雇相当の行為が労働者にあった場合に、会社が依願退職をさせることは、いわゆる温情に基づく措置であるとみられ、違法性なしと判断されることが多いです。

しかし、あなたの場合のように、その懲戒事由が懲戒解雇するほどのものではないにもかかわらず、会社側が懲戒解雇の不利益をもって労働者をおどし、「そのような不利益があるなら、退職願を提出して円満に退職し、退職金をちゃんともらって、他に再就職を計った方がましだ。」と決意せざるを得ないような状況に追い込み、退職願を提出させたような時は、強迫による退職の意思表示であり、労働者はその意思表示を取り消すことができると考えられています。

ちょっと一言

強迫

強迫とは、「他人に害悪を示し、脅かして恐怖心を生じさせ、その人の自由な意思決定を妨げる行為」をいいます。強迫されて意思の表明をした者は、表明した意思を取り消すことができます。

退職勧奨による退職

私の会社には早期退職制度があり、その対象年齢が50歳以上です。私がこの年齢に到達したことを理由に、会社から2～3年にわたり退職を勧められてきました。しかし、私は早期に退職するつもりはなかったので応じませんでした。
最初の頃は、社長や人事部長が退職を勧めてきて、優遇措置などについての話をする程度だったんですが、その後、私に対して退職を強く勧め始めました。3か月の間に、13回も社長室への出頭が命じられ、20分から長いときは2時間にも及ぶ退職勧奨が行われました。あまりにも執拗に行われたので会社を辞めることにしましたが、このような事は許されるのでしょうか？

A 会社は、退職勧奨の行為を自由に行うことができますが、勧奨を受ける労働者は、退職勧奨に応ずる義務があるわけではなく、自由にその意思を決定することができます。

ですから、労働者の自由な意思決定を妨げるような態様の退職勧奨は許されず、説得の回数、説得のための手段・方法は社会通念上相当であることが求められ、その態様が強制的であったり執拗なものである場合には不法行為として、会社に損害賠償責任が生じると解されています。

あなたへの退職勧奨は、多数回かつ長期にわたる執拗なものであり、退職の勧めとして許される限界を超えており、かつ、相当な精神的苦痛を受けたと十分に考えられますので、会社に損害賠償責任が生じると思います。

ちょっと一言

退職勧奨

　退職勧奨とは、人員削減の方法として、退職希望者を募って退職の申出を待つだけでなく、更に踏み込んで労働者の退職を勧め促すことをいいます。

復職できるのに休職期間満了での退職は無効

Q 私は、私傷病により長期的に労務の提供ができなくなったので、就業規則の規定に基づき休職命令が出され、それに従って休職をしていました。その休職期間が満了しても、従前の業務に服せるほどの回復はしなかったんです。ただ、軽易な業務であれば、従事できる程度の回復はしていました。医師の診断書を添えて、その旨を会社に伝え、職場復帰を希望したのですが、休職期間の満了により退職とされてしまいました。
軽易な業務からなら復帰が可能なのに、退職させられるのは納得ができません。法的にはこのような扱いはどうなのでしょうか？

A 私傷病休職の場合は、その休職期間中あるいは休職期間の満了時点でその傷病が治癒していたら、その労働者を復職させなければなりません。傷病が治癒し、復帰可能な状態にあるかどうかの判断にあたっては、裁判例の多くは、原則として、従前の職務を通常程度行える健康状態になっているかどうかを基準にしています。

ただ、職種や職務内容の限定がない労働者については、復職当初は軽易な業務に就き、段階的に一定程度の猶予期間をおいて、通常業務へ復帰出来る程度に回復しているような場合は復職させるのが相当であるとしている裁判例もあります。

あなたの場合も、軽易な業務であれば、従事できる程度の回復はしているわけですから、復職可能と判断され、休職期間満了による退職が認められない可能性は十分あると思います。

ちょっと一言

会社指定の医師の受診義務

　会社が労働者を休職・復職させるかどうかを判断するためには、まず労働者の傷病状態を把握しなければなりません。労働者本人が、自身の主治医以外の受診を拒否している場合に、会社指定の医師の受診を義務づけられるかという問題があります。

　自らの傷病について受診するかどうかはもとより、どの医師に診てもらうかは、原則としては本人の自由です。

　ただ、多くの会社の就業規則に休職・復職の両時点で、会社指定の専門医の診断を受け、その証明を要する旨の規定を設けています。

　このような規定が有り、会社指定の専門医の診断を受けなければならない合理的な理由がある場合は、労働者はその診断を受ける義務があると考えられています。

　なお、労働者が提出した診断書の内容等に不信な点がある場合などは、就業規則上の規定の有無にかかわらず、受診義務を認めた裁判例があります。

契約期間中の退職は可能

Q 私は今の会社に3年契約で雇われました。契約期間はあと1年2か月残っていますが、他の会社へ転職したいと思い退職を申し出ました。ところが会社から「契約期間中であるから退職は認めない。」と言われました。そして、「どうしても辞めるのであれば契約違反による損害賠償を支払ってもらう。」とも言われました。私は契約期間が満了するまで今の会社に勤務しなければいけないでしょうか？

A 契約期間の定めをした場合、その期間中については、やむを得ない事由などがある場合以外は、退職できないのが原則です。

しかし、労働基準法では、「契約期間を定めた場合であっても、1年経過した日以後については、労働者は会社に申し出ることで、いつでも退職できる」としています。

ただし、この例外は、以下の①又は②の労働者には適用されません。
① 60歳以上の労働者
② 専門的知識を有する労働者であって、その専門知識を必要とする業務に就いている労働者

ですから、あなたが、この①又は②の労働者に該当するのであれば、期間が満了するまでは、他に転職したいからという理由で、退職することはできません。しかし、これに該当しないのであれば、採用されてから1年を経過しているようなので、退職することは可能です。

```
採用|←  1年  →|← 事由を問わず退職可能 →|満了
    |←         契約期間3年              →|
```

なお、ここでいう専門的知識を有する労働者とは、以下の①から⑥の労働者をいいます。
① 博士の学位を有する者
② 公認会計士、医師、歯科医師、獣医師、弁護士、一級建築士、税理士、薬剤師、社会保険労務士、不動産鑑定士、技術士、弁理士のいずれかの資格を有する者
③ 情報処理技術者試験の区分のうちシステムアナリスト試験に合格した者又はアクチュアリーに関する資格試験に合格した者
④ 特許発明の発明者、登録意匠を創作した者又は登録品種を育成した者
⑤ 年収が1,075万円以上であって、所定の業務従事経験等のある農林水産業等の技術者、システムエンジニア、デザイナー、システムコンサルタント
⑥ 国、地方公共団体、民法の規定により設立された法人、その他これらに準ずるものによりその有する知識、技術又は経験が優れたものであると認定されている者で、厚生労働省労働基準局長が認める者

約束された労働条件と実際の労働条件が違う場合はすぐ辞められる（即時解除権）

> Q 私は、会社から明示された採用条件が良かったので、その会社に就職しました。ところが、入社してすぐに、「他の社員とのバランスを考えると、明示した賃金額が高すぎたので調整する。」と言われ、その明示された賃金額よりも低いものにされてしまいました。
> 約束が違うので、この会社を辞めようと思っています。しかし会社は、退職する場合は1か月前の予告が必要だと言って退職を承認してくれません。
> また、私は、この会社に勤務するために、実家から引っ越してますので、せめて実家に戻るための引っ越し費用を出してほしいと会社に申し出ましたが、拒否されました。
> このような会社の対応はどうなのでしょうか？

A 労働基準法では、「労働契約を締結する際に明示された労働条件が事実と相違する場合においては、労働者は、即時に労働契約を解除することができ、この場合、就業のために住居を変更した労働者が、契約解除の日から14日以内に帰郷する場合においては、会社は、必要な旅費を負担しなければならない」としています。

あなたは、これに該当すると思いますので、予告することなく、即、会社を退職できます。また、あなたが、退職してから14日以内に実家に戻るのであれば、その旅費を会社に請求できますし、会社はこれに応じる義務を負っています。もし、会社が、この支払を拒否すれば労働基準法違反となります。

この違反に対する罰則	30万円以下の罰金

ちょっと一言

旅　費

帰郷するまでの通常必要とする一切の費用をいい、交通費はもちろん、宿泊費や家財道具などの運送費などをいいます。

60歳を下回る定年年齢を定めることは違法

Q うちの会社の定年年齢は60歳なのですが、営業職については定年年齢を引き下げて58歳にする旨を検討しています。これは許されのですか？

A 高年齢者雇用安定法という、高年齢者の職業の安定などを目的にした法律があります。この法律では「会社が、定年の定めをする場合には、60歳を下回る年齢にすることができない」としています。したがって、あなたの会社のように、特定の職種だけであっても、60歳を下回る定年を定めた場合は高年齢者雇用安定法違反となります。

> この違反に対する罰則はありません

定年後の継続雇用制度がないのは違法

Q うちの会社は、60歳の定年制を採用しているのですが、定年後の継続雇用制度などはありません。したがって、完全に60歳定年で退職になります。しかし、平成18年4月以降は、60歳定年後の継続雇用制度などの導入が義務化されたと聞いたのですが本当ですか？

A 高年齢者雇用安定法では、平成18年4月から、「65歳未満の定年の定めをしている会社は、雇用する高年齢者の65歳までの安定した雇用を確保するため、定年の引き上げ、継続雇用制度の導入又は定年制の廃止のいずれかの措置を講じなければならない」としています（これらの措置を高年齢者雇用確保措置という）。

したがって、あなたの会社が、これらの措置を全く講じていないなら、高年齢者雇用安定法違反となります。

> この違反に対する罰則はありません

継続雇用する労働者の基準を適切に定めないのは違法

Q 私の会社は、高年齢者雇用安定法に従って、定年後の継続雇用制度を導入したと言っています。ただ、就業規則に、上司の推薦がある者に限り継続雇用すると規定しています。おそらく、会社の恣意的な判断で継続雇用する者を選択するのだと思います。
このような制度でも、継続雇用制度を導入したことになるのですか?

A 高年齢者雇用安定法では、「継続雇用制度とは、現に雇用している高年齢者が希望するときは、その高年齢者をその定年後も引き続いて雇用する制度をいう」としています。つまり、原則としては、希望者全員を継続して雇用する制度が継続雇用制度なわけです。

しかし、高年齢者雇用安定法では、「労働者代表との労使協定で、継続雇用する者の基準を定めることができる。また、労使協定を締結するための努力をしたが、それが締結できなかった場合には、就業規則に基準を定めることができる。そして、その基準を満たした者を継続して雇用する制度でも、この制度を導入したものと認める」としています。

あなたの会社が、労働者代表と労使協定を締結する努力をせず、いきなり一方的に就業規則で基準を定めているのであれば、継続雇用制度を導入したことにはならず、高年齢者雇用安定法違反になるでしょう。

また、この基準は、できる限り具体的・客観的なものとしなければならず、「会社が必要と認めた者に限る」・「上司の推薦がある者に限る」などの基準は、事業主が恣意的な判断で継続雇用者を選択できるものであり、不適切とされております。

あなたの会社の基準は不適切なもので、継続雇用制度を導入したとはいえないと思います。

> この違反に対する罰則はありません

ちょっと一言

就業規則による基準

　就業規則で基準を定めることが認められるのは、中小企業(従業員300人以下の会社)は平成23年3月31日まで、大企業(従業員が300人を超える会社)は平成21年3月31までの期間とされています。

第10章

その他
よくある違法行為

この章では、「その他」の労働者の権利と会社の義務、それとよくある違反行為などをあげていきます。

労働条件を明示しないことは違法

Q 私は、サービス業を営む会社に採用されることになったのですが、面接時におおよその賃金額・労働時間・休日が伝えられただけで、その他の労働条件は明示されませんでした。以前の会社も同じように条件面についての明示があまりありませんでした。明示がないからといって入社を辞退することを考えているわけではありませんが、やはり、ちゃんと労働条件を知った上で働きたいと思います。労働条件を伝える義務は会社にはないのですか？

A 労働基準法では、「会社は労働契約を締結する際には、労働条件について労働者に明示しなければならない」としています。更に、「特に重要なものについては書面で明示しなければならない」ともしています。

　労働者が予期に反した低条件で働かされたり、後日、賃金などをめぐってのトラブルが起きることを防止するため、会社に労働条件の明示義務を課しているのです。

　会社が明示しなければいけない労働条件は次頁の①から⑮であり、このうち①から⑥までが書面で明示しなければならない事項とされています。これらを明示しない場合は労働基準法違反となります。

明示義務がある事項	明示方法
① 労働契約の期間に関する事項 ② 就業の場所及び従事すべき業務に関する事項 ③ 始業及び終業の時刻、残業の有無 ④ 休憩時間、休日、休暇、就業時転換に関する事項 ⑤ 賃金の決定・計算・支払方法、賃金の締切り・支払の時期に関する事項 ⑥ 退職に関する事項（解雇の事由を含む）	書面の交付による明示
⑦ 昇給に関する事項 ⑧ 退職手当に関する事項 ⑨ 臨時に支払われる賃金・賞与等に関する事項 ⑩ 労働者に負担させるべき食費、作業用品などに関する事項 ⑪ 安全及び衛生に関する事項 ⑫ 職業訓練に関する事項 ⑬ 災害補償及び業務外の傷病扶助に関する事項 ⑭ 表彰及び制裁に関する事項 ⑮ 休職に関する事項	口頭でも可

この違反に対する罰則　30万円以下の罰金

　なお、パートタイム労働法では、「会社は、パートタイマーを雇入れたときについては、昇給・退職手当・賞与の有無についても、書面で明示しなければならない」としています。これを明示しない場合はパートタイム労働法違反となります。

この違反に対する罰則　10万円以下の過料

ちょっと一言
有期労働契約に関する基準

　厚生労働大臣が定めた有期労働契約に関する基準では、「会社は、契約期間の定めをする労働者に対しては、契約の締結をする際に、その契約期間満了後に更新することが有るのか、無いのかについて明示しなければならない」としています。
　また、「会社が、契約を更新する場合が有ると明示したときは、その労働者に対して、契約を更新する場合の判断の基準を明示しなければならない」としています。

説明を求めているのに説明しないのは違法

Q 私はパートタイマーとして働いています。現在の会社に採用される時に、労働条件の明示もちゃんと受け、それに同意して入社しました。
ただ、働いてみてわかったのですが、他のパートタイマーの方達と時給が違うなど色々と労働条件が異なっていました。
明示された条件に同意して入社しているわけですから、文句を言うつもりはありません。
ただ、どうしてこのような待遇の違いが出てくるのか理由がわからないと気持ちよく働けないとも思っています。会社に待遇の違いに対する説明義務みたいなものはないのですか？

A パートタイマーの労働条件は不明確になりがちであり、また正社員などとの待遇の違いの理由が分からず、不満を抱く場合も少なくないという実態があるようです。

そこで、パートタイム労働法では、平成20年4月1日より、「会社は、パートタイマーより求めがあった場合には、賃金の決定・福利厚生施設の利用・教育訓練の実施などの待遇の決定に当たって考慮した事項について説明をしなければならない」としています。

したがって、あなたが求めるのであれば、会社は何を考慮してその賃金となったのかなどの説明をしなければなりません。もし、あなたが説明を求めているにもかかわらず、その説明をちゃんとしないのであれば、パートタイム労働法違反となります。

なお、この法律の指針では、「会社は、パートタイマーが待遇についての説明を求めたことを理由に不利益な取扱いをしてはならない」としています。

この違反に対する罰則はありません

労働契約内容の理解の促進

パートタイマーに限らず、労働者が労働契約の内容について十分な理解をしないまま働き、のちに、会社との認識の違いが生じて、そのために会社と紛争となってしまうことがあります。そこで、このような紛争を防止することを目的に、労働契約法では、「会社は労働者に提示する労働条件及び労働契約の内容について労働者の理解を深めるようにするものとする」としています。また、「労働者及び会社は、労働契約の内容について出来る限り書面により確認するものとする」ともしています。

パートタイマーから正社員への転換推進措置をとらない会社は違法

> **Q** 私は現在、パートタイマーとして働いています。ただ、できれば正社員として現在の会社に雇ってもらいたいと考えています。しかし、うちの会社には、パートタイマーを正社員にする気は全くないようです。仕方がないことですよね。

A パートタイム労働法では、「会社は、正社員への転換を推進するため、その雇用するパートタイマーについて、以下の①から④のいずれかの措置を講じなければならない」としています。

① 正社員を募集する場合、その募集内容を既に雇っているパートタイマーに周知する。

② 正社員のポストへの配置を行う場合、その配置の希望を申し出る機会を、既に雇っているパートタイマーに対して与える。

③ パートタイマーが正社員へ転換するための試験制度を設けるなど、転換制度を導入する。

④ 正社員として必要な能力を取得するための教育訓練を受ける機会を得られるように援助を行うなど、正社員への転換を推進するための措置を講じる。

世の中の実態として、一度パートタイマーとなると、正社員として就業に移ることが困難な状況にあることから、平成20年4月より正社員への転換を推進するための上記措置が義務化されました。あなたの会社が、正社員への転換を推進するための措置を全く講じないのであれば、パートタイム労働法違反となります。

この違反に対する罰則はありません

ちょっと一言

左記①について

　この措置は、正社員を募集しようとするときに、社外からの募集と併せて、既に雇っているパートタイマーに対しても募集情報を周知し、正社員への応募の機会を付与するものであり、最終的に正社員として採用するかどうかは、会社の判断によります。

　ただ、周知したのみで、応募を受け付けないなど実際に応募の機会を付与しない場合は、この①の措置を講じたことにはなりません。

左記②について

　この措置は、社外に正社員の募集を出す前に、企業内のパートタイマーに配置の希望を申し出る機会を与えるものです。社内から正社員のポストへの応募を積極的に受け付ける社内公募制度のようなものもこれに該当します。

　会社は優先的に応募機会を付与すればよく、優先的に採用する義務を課したものではありません。

左記③について

　著しく長い勤続年数の者のみを対象とするなど、その試験制度の対象となる者がほとんど存在しないようなものは、転換制度を導入したことにはなりません。

左記④について

　会社が自ら教育訓練プログラムを提供したり、専門学校等が行っている教育訓練プログラムの費用の経済的な援助や、それに参加するための時間的な配慮を行うことなどが、これに該当します。

年1回以上健康診断を実施しない会社は違法

Q うちの会社は、小規模企業であることを理由に健康診断を実施してくれません。「各自で健康管理をするように。」と社長が言うだけです。中小・零細規模の会社は健康診断を実施する義務はないのですか？

A 労働安全衛生法という法律があります。これは労働者の安全と健康の確保をはかり快適な職場環境の形成を促進するための法律です。この法律では、「会社は、常時使用する労働者に対し1年以内ごとに1回、定期に医師による健康診断を実施しなければならない」としています。

中小・零細規模の会社であってもこの規定は適用されますので、あなたの会社は、少なくとも1年以内ごとに1回は、健康診断を実施しなければならないのです。もし健康診断を実施していないのであれば、労働安全衛生法違反となります。

また、この健康診断に係る費用は、会社が負担すべきものとされており、労働者に負担させるものではありません。

この違反に対する罰則	50万円以下の罰金

雇入れ時の健康診断

　会社は、その事業規模を問わず、常時使用する労働者を採用した時も健康診断を行わなければなりません。ただし、この健康診断は、その労働者が入社前3か月以内の期間に健康診断を受けているときは省略できるとされています。

特定業務従事者の定期健康診断

　労働安全衛生法では、「特定業務に従事している労働者に対しては、定期健康診断を少なくとも6か月以内ごとに1回は実施しなければならない」としています。
　以下の業務が特定業務になります。深夜業を含む業務もこれに該当し、午後10時以降の勤務が恒常的に行われているタクシー運転手・夜間の警備員・飲食店店員などはこの特定業務従事者になります。

①	深夜業を含む業務
②	多量の低温物体を取り扱う業務及び著しく寒冷な場所における業務
③	ラジウム放射線、エックス線その他の有害放射線にさらされる業務
④	土石、獣毛等のじんあい又は粉末を著しく飛散する場所における業務
⑤	異常気圧下における業務
⑥	削岩機、鋲打機等の使用によって、身体に著しい振動を与える業務
⑦	重量物の取扱い等重激な業務
⑧	ボイラー製造等強烈な騒音を発する場所における業務
⑨	坑内における業務
⑩	多量の高熱物体を取り扱う業務及び著しく暑熱な場所における業務
⑪	水銀、砒素、黄りん、フッ化水素酸、塩酸、硝酸、硫酸、青酸、か性アルカリ、石炭酸その他これらに準ずる有害物を取扱う業務
⑫	鉛、水銀、クロム、砒素、黄りん、フッ化水素、塩酸、塩酸、硝酸、亜硫酸、硫酸、一酸化炭素、二硫化炭素、青酸、ベンゼン、アニリンその他これらに準ずる有害物のガス、蒸気又は粉じんを発散する場所における業務
⑬	病原体によって汚染のおそれが著しい業務
⑭	その他厚生労働大臣が定める業務

パートタイマーに健康診断を実施しない会社は違法

Q 私は1年契約で、1日8時間・週5日勤務するパートタイマーです。契約更新が3回行われましたので、入社してから3年以上経過しています。うちの会社は、私を含めてパートタイマーには健康診断を実施してくれません。会社はパートタイマーに対し健康診断を実施する義務はないのですか？

A 労働安全衛生法では、「常時使用する労働者に対し、定期健康診断を実施しなければならない」としています。パートタイマーは、原則として、ここでいう「常時使用する労働者」には該当しません。つまり、健康診断を実施しなくても法違反にはなりません。

ただし、パートタイマーであっても、以下の①と②の条件を満たす場合には、「常時使用する労働者」に該当しますので、健康診断を実施しなければなりません。

①雇用期間の定めのないこと
　（雇用期間の定めはあるが契約期間が1年以上の者・契約の更新により1年以上使される予定の者・契約の更新により1年以上引き続き使用されている者を含む。）
②1週間の所定労働時間が、同種の業務に従事する正社員の4分の3以上であること
　（なお、概ね2分の1以上であるときは、実施することが望ましいとされています。）

あなたは、契約の更新により1年以上引き続き使用されており、かつ、1週の所定労働時間が正社員の4分の3以上ですから、「常時使用する労働者」に該当します。

したがって会社は、あなたに対しては健康診断を実施しなければならないのです。実施しない場合は、労働安全衛生法違反となります。

この違反に対する罰則	50万円以下の罰金

労働者の健康に配慮をしない会社は違法

Q 私は広告代理店の企画部に所属しているのですが、業務量が多く日頃からかなりの長時間労働を行っています。そのため、疲労が蓄積して体調が優れない状態です。先日、定期健康診断を受けたところ、血圧等が異常に高くなっておりました。このまま長時間労働を続けていては、健康を損なってしまうと心配しています。会社に、時間外労働の削減なり、配置転換なりを申し出てみようと思いますが、会社は応じてくれるんでしょうか？

A まず、労働安全衛生法では、「会社は、健康診断の結果、異常の所見があると診断された労働者については、その健康保持のために必要な措置について医師の意見を聴かなければならない。そして、その意見を勘案して必要があると認めるときは、その労働者の実情を考慮して就業場所の変更、作業の転換、労働時間の短縮、深夜業の回数の減少等の適切な措置を講じなければならない」としています。

会社は、あなたの健康保持のために必要な措置について医師の意見を聴かなければなりませんし、その意見に基づいた事後措置をとらなければならないのです。

このような義務を負っているにもかかわらず、何の措置もとらないのであれば労働安全衛生法違反となります。

> この違反に対する罰則はありません

更に、労働契約法では、「会社は、労働契約に伴い、労働者がその生命、身体等の安全を確保しつつ労働することができるよう、必要な配慮をするものとする」としています（安全配慮義務という）。

したがって、会社があなたに対して何ら措置をとらないといった場合には、

この義務を果たしていないわけですから、もし、あなたに長時間労働の疲労による健康障害が現実に発生した場合には、会社は損害賠償責任を負うことになります（ただ、業務災害として認定を受けて労災保険から保険給付が行われたときは、その給付分の損害賠償責任は免責されます）。

なお、労災保険には、二次健康診断等給付というのがあります。これは、定期健康診断などの結果、脳・心臓疾患を発症する危険性があると判断された労働者に対して、脳血管及び心臓の状態を把握するための二次的な健康診断（精密検査）と脳・心臓疾患の予防を図るための医師等による保健指導を無料で受けることができるようにする保険給付です。

あなたは、この保険給付を受けられる可能性もあります。

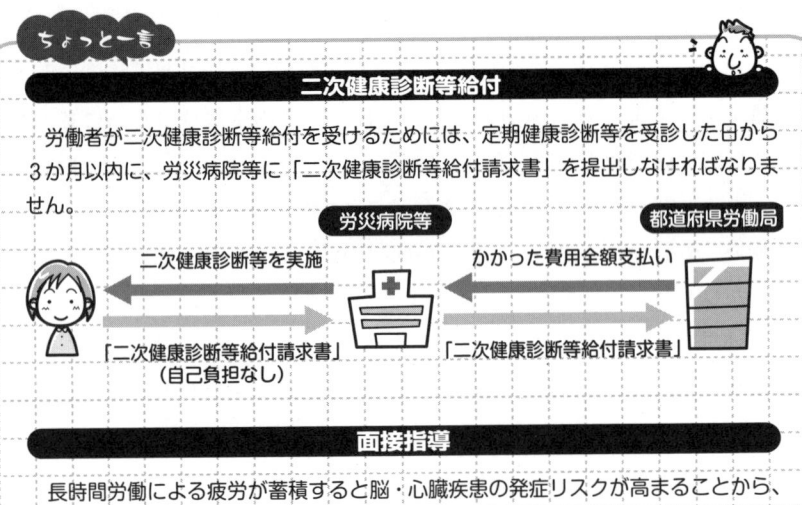

ちょっと一言

二次健康診断等給付

労働者が二次健康診断等給付を受けるためには、定期健康診断等を受診した日から3か月以内に、労災病院等に「二次健康診断等給付請求書」を提出しなければなりません。

労災病院等　　　　　　　　　　　都道府県労働局

←二次健康診断等を実施　　　←かかった費用全額支払い

「二次健康診断等給付請求書」→　　「二次健康診断等給付請求書」→
（自己負担なし）

面接指導

長時間労働による疲労が蓄積すると脳・心臓疾患の発症リスクが高まることから、労働安全衛生法では、「会社は、1か月あたりの時間外労働が100時間を超える労働者には、医師による面接指導を実施しなければならない」としています。

この面接指導では、その労働者の勤務状況・疲労の蓄積状況・心身の状況が確認されます。

そして、会社は、その面接指導の結果に基づき、健康保持のための措置について医師の意見を聴き、その上で、必要がある場合には、就業場所の変更、作業の転換、労働時間の短縮、深夜業の回数の減少等の措置を講じなければならないのです。

会社が面接指導を実施せず、あるいは、面接指導の結果に対する事後措置をとらない場合は労働安全衛生法違反となるのです。

業務災害での休業最初の3日間について、休業補償をしないのは違法

Q 私は倉庫業の会社に勤務しているのですが、作業中に荷物が落ちてきて、それを避けた時に骨折してしまいました。業務災害の認定を受けられたので治療費は労災保険によってカバーされ、無料でしたし、会社を休業する期間については休業補償給付が支給されました。
ただ、この休業補償給付は、会社を休業した最初の3日間に対しては、待期といって支給されませんでした。仕方がないことなのでしょうか？

A 労災保険の休業補償給付は、労働者が、業務上の事由よる傷病の療養のために、労働することができないため会社を休業する場合に、その休業期間の所得保障を目的として支給されるものです。

この休業補償給付は、会社を休業した最初の3日間については、待期といって支給されません。ただし、労働基準法では「休業補償給付が支給されないこの待期の3日間について、会社が休業補償を支払わなければならない」としています。

したがって、あなたは会社に対して、3日間の休業補償を請求できます。会社がこれを支払わない場合は労働基準法違反となります。

●業務上の負傷のため、4月1日より会社を休業

1日	2日	3日	4日	5日	6日	7日	8日	9日	10日	11日	12日
負傷欠勤	負傷欠勤	負傷欠勤	負傷欠勤	負傷休日	負傷休日	負傷欠勤	負傷欠勤	負傷欠勤	負傷欠勤	負傷欠勤	負傷休日

[休業補償給付なし／待期] — 1日～3日
[休業補償給付支給] — 4日以降

この待期の3日間については、会社が休業補償として、1日につき、その労働者の平均賃金の60％に相当する額を支払わなければなりません。

この違反に対する罰則	6か月以下の懲役又は30万円以下の罰金

試用期間中を理由に公的保険の加入手続きをとらないのは違法

Q 私は、製造業の会社に正社員として入社しました。ただ、3か月は試用期間です。会社から「試用期間中は健康保険・厚生年金・雇用保険の加入者にはなれないので、本採用となった場合に加入手続きをとる。」と説明されました。本当に試用期間中はこれらの保険制度に加入できないのでしょうか？

A 労働者が会社に入社した場合は、原則として、その入社した日に、法律上当然に健康保険・厚生年金・雇用保険の加入者(正確には被保険者という)になります。これは試用期間が設けられていても同様です。あなたは入社した日に被保険者になりますので、所定の期日までに、あなたの会社は被保険者資格取得届を提出しなければなりません。

会社がこの届出をしなかったり、虚偽の届出をした場合は、健康保険法・厚生年金保険法・雇用保険法違反となります。

Aさん

採用 ─── 試用期間3か月 ─── 本採用
見習い社員 ／ 正社員
健康保険・厚生年金・雇用保険の加入者

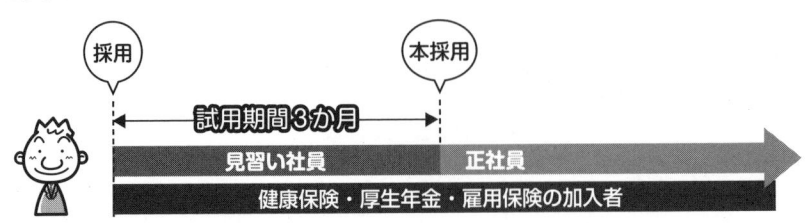

雇用保険の届出をしない場合の罰則	6か月以下の懲役又は30万円以下の罰金
健康保険・厚生年金の届出をしない場合の罰則	6か月以下の懲役又は50万円以下の罰金

パートタイマーであることを理由に公的保険の加入手続きをとらないのは違法

Q 私は1日7時間・週35時間で勤務しているパートタイマーです。私の会社は正社員については、健康保険・厚生年金・雇用保険の加入手続きをちゃんととりますが、パートタイマーについては加入手続きをとってくれません。
ですから、私などは自分で国民健康保険と国民年金に加入し、保険料を払っています。
このような取扱いは法的には許されるのでしょうか？

A 会社が、健康保険・厚生年金・雇用保険の被保険者にするかどうかを選択できるわけではありません。

パートタイマーについては、下記①②のいずれにも該当する場合に、健康保険・厚生年金の被保険者になります。

① 1日又は1週間の所定労働時間が、正社員の所定労働時間のおおむね4分の3以上
② 1か月の所定労働日数が、正社員の所定労働日数と比べておおむね4分の3以上

パートタイマーについては、1週間の所定労働時間が20時間以上であって、かつ、1年以上引き続き雇用される見込みがある場合に雇用保険の被保険者になります。

あなたは、これらの条件を満たしているので、健康保険・厚生年金・雇用保険の被保険者になります。したがって、会社は、あなたについての健康保険・厚生年金・雇用保険の被保険者資格取得届を提出しなければなりません。会社が、この届出をしなかったり、虚偽の届出をしている場合は、健康保険法・厚生年金保険法・雇用保険法違反となります。

例えば

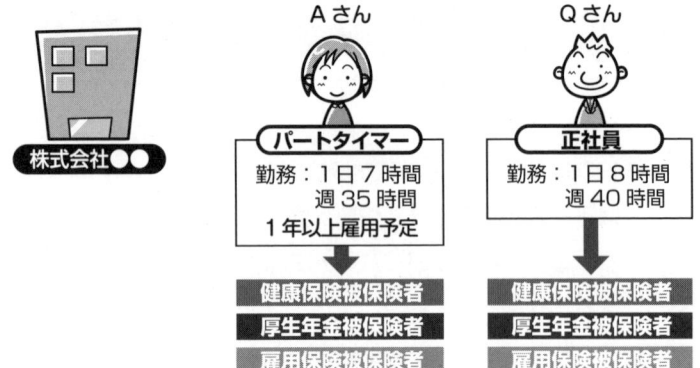

```
株式会社●●
```

Aさん
パートタイマー
勤務：1日7時間
　　　週35時間
1年以上雇用予定
→
健康保険被保険者
厚生年金被保険者
雇用保険被保険者

Qさん
正社員
勤務：1日8時間
　　　週40時間
→
健康保険被保険者
厚生年金被保険者
雇用保険被保険者

　パートのAさんは、勤務時間が1日7時間・週35時間ですから、週の勤務日数が5日（1か月あたりの勤務日数20日～23日）になります。
　つまり、1日の所定労働時間と1か月あたりの所定労働日数が一般社員のおおむね4分の3以上であるため、健康保険・厚生年金の被保険者になります。
　1週間の所定労働時間が20時間以上であって、かつ、1年以上引き続き雇用される見込みがあるわけですから、雇用保険の被保険者にもなるわけです。つまり、正社員のQさんと同じ扱いになるのです。

雇用保険の届出をしない場合の罰則	6か月以下の懲役又は30万円以下の罰金
健康保険・厚生年金の届出をしない場合の罰則	6か月以下の懲役又は50万円以下の罰金

労災保険の適用手続きをとってない場合でも、保険給付は受けられる

Q 私は洋服の卸売業の会社に勤務している正社員です。先日、出勤する時に、駅の階段で転倒し右足を複雑骨折しました。しばらく会社を休業しなければなりません。通勤災害に該当し、労災保険から保険給付を受けられると思っていたのですが、会社から「うちの会社は労災保険の適用手続きをしていないから、労災保険からの保険給付は受けられない。」と言われました。
本当に、私は労災保険から保険給付は受けられないのですか？

A 労災保険は、適用事業所で働く労働者が業務災害や通勤災害を被った場合に、保険給付を行う制度です。

　労働者を1人でも使用している会社は、原則として自動的に労災保険の適用事業所となります。ただ、その会社が適用手続きをとっていない場合は、適用事業所であることを行政庁が把握できていませんので、保険料の徴収などが行われていません。

　このような会社の労働者が業務災害や通勤災害を被った場合に、労災保険から保険給付を受けることができるのかという問題ですが、会社が適用手続きをとっていなくても、適用事業所の労働者であることにかわりがありません。したがって、労災保険の保険給付はちゃんと受けられます。あなたは、労働基準監督署に対して労災保険の保険給付の請求することができるのです。

　ただし、あなたが労働基準監督署に保険給付の請求手続きをとれば、あなたの会社が適用手続きをとっていなかったことが発覚します。これによりあなたの会社は、保険料を遡って徴収されたり、場合によってですが、保険料とは別にペナルティー的な意味合いで、お金を徴収されたりします。

就業規則を作成しないのは違法

> 私の勤務している会社は、社員が5名でパートタイマーが7名の零細企業です。会社には就業規則など、会社内でのルールを定めたものが何もありません。そのため、何か問題が発生しても、その都度、社長の考え方を基準として解決され、理不尽な結果になることが多々あります。零細規模の会社は就業規則を作る義務はないのですか？

労働基準法では、「常時10人以上の労働者を使用する会社は、就業規則を作成し、労働基準監督署に届け出なければならない」としています。ここでいう「常時」とは、常態としてという意味です。したがって、一時的に労働者が10人未満になることがあっても、常態として10人以上の労働者を使用していれば、会社は就業規則の作成をしなければならないのです。また、パートタイマーも労働者です。

ですから、あなたの会社は、労働者が12人であり、これが常態であるなら、就業規則を作成して労働基準監督署に届け出なければならないのです。この作成・届出を行わない場合は、労働基準法違反となるのです。

この違反に対する罰則	30万円以下の罰則

周知されていない就業規則は効力を持たない

Q 私の会社は、休日出勤すれば代休を取得できました。ところが、先日、代休を請求したところ、就業規則を変更し代休制度を廃止したと言われました。
私たちは、いつ就業規則が変更されたかも知りませんし、そもそも就業規則を見たことがありません。会社に就業規則を見せてくれと申し出たところ、「見せる必要はない」と拒否されました。従業員は就業規則を見ることはできないものなのですか？
また、会社は就業規則を変更することで、労働条件を低下させることができるのですか？

A 労働基準法では、「会社は、就業規則を、常時各作業場の見やすい場所へ掲示したり、あるいは、書面を交付したりするなどの方法で、労働者に周知させなければならない」としています。したがって、あなたの会社のように就業規則を労働者に周知させないことは、労働基準法違反となります。

また、労働契約法では、「会社は、変更後の就業規則を労働者に周知させ、かつ、就業規則の変更が、労働者の受ける不利益の程度、労働条件の変更の必要性などの事情に照らして合理的なものであるときは、就業規則の不利益変更を認める」としています。

つまり、変更後の就業規則を、労働者に周知させている場合に、はじめて就業規則の不利益変更が認められるわけです。

あなたの会社は、変更後の就業規則を労働者に周知させていないわけですから、その変更は認められず、従来の就業規則の規定通りに、あなたは代休を取得することができると思います。

この違反に対する罰則	30万円以下の罰則

第 11 章

労働法違反があった場合にどうすればいいのか？

労働法の違反は、単に会社が法令を知らなかったり、勘違いをしているために、その違反行為が行われていることが多々あります。ですから、上司なり、人事・総務部などに違反の指摘をするだけで改善されることは良くあります。まずは、会社に対して違反の指摘をしてみましょう。

指摘しているにもかかわらず、会社が何ら確認をしないでそのまま放置しているのであれば、以下の措置をとることができます。

労働基準法、労働安全衛生法、最低賃金法の違反があった場合

> うちの会社では、労働基準法に違反する行為が行われており、社員より再三の指摘があるにもかかわらず、解消されません。どうしたらいいでしょうか？

A 会社が、労働基準法・労働安全衛生法・最低賃金法の違反をしているのであれば、労働者は、その事業所の所在地を管轄する労働基準監督署へ申告することが可能です。

この申告をすると、担当の労働基準監督官が定められます。そして、この労働基準監督官が1週間以内ぐらいで会社へ連絡し、事情聴取や事業場の立入検査などをはじめます。

そして労働基準監督官が労働基準法などの違反を確認した場合は、行政指導・行政処分を行います。

具体的には、法違反に対する是正勧告書・指導票を会社に交付します。

これが交付された会社は、法違反を是正するとともに、是正報告書を提出しなければなりません。

労働基準監督官は、事業主等が労働基準関係法令に違反した場合には、一般の警察官と同様に特別司法警察職員としての職務を行うことができます。つまり、違反が悪質な場合は、書類送検はもとより、逮捕・強制捜査を伴う取り調べを行い、被疑者を身柄拘束のまま送検することができるのです。

会社が虚偽の是正報告書を提出するなど、是正をせず、かつ、悪質な対応をとっていると、検察へ書類送検などがされることもあるのです。

労働基準法・労働安全衛生法では、「会社は、労働者が労働基準監督署に申告したことを理由として、解雇等不利益な取扱いをしてはならない」としています。

あなたが申告したことを理由に、会社があなたを解雇などすれば、その行為もまた労働基準法・労働安全衛生法違反となるのです。

> **ちょっと一言**
>
> ### 労働基準監督署
>
> 　労働基準監督署は、申告があったからといって、調査等の処置をとるべき義務を負うわけではないと解されています。ただ、通常は、労働者が申告をすれば、その受理後すぐに解決に向けて動き出しているようです。ただ、労働基準監督署が動いても解決しない場合はあります。

都道府県労働局（総合労働相談センター）の助言指導・あっせん制度

Q 会社より転勤命令が出されたのですが、不当な転勤命令だと思いましたので、転勤命令の取消しを会社に求めましたが拒否されました。このまま転勤するつもりはありません。どうしたらいいでしょうか？

A 不当な転勤命令であっても、それは労働基準法違反の問題ではないので、労働基準監督署への申告対象とはなりません。ただ、以下の①から④など、労働条件その他労働関係に関する事項について会社と紛争（個別労働関係紛争という）になっている場合は、都道府県労働局（総合労働相談コーナー）へ「助言・指導制度」を求めたり、「あっせん制度」の申請を行うことができます。

① 解雇、配置転換・出向、雇止め、労働条件の不利益変更などの労働条件に関する紛争
② 事業主によるいじめ・嫌がらせに関する紛争
③ 労働契約の承継、同業他社への就業禁止等の労働契約に関する紛争
④ 退職に伴う研修費用の返還、営業車等会社所有物の破損に係る損害賠償をめぐる紛争

「助言・指導制度」とは、都道府県労働局が事情聴取をした上で、その紛争の問題点を指摘し、解決の方向を示し、当事者による自主的な解決を促進する制度です。

「あっせん制度」とは、労働法の専門家である紛争調整委員会の委員が間に入り、双方の主張を確認した上で、当事者間の調整を行い、話合いを促進することにより、紛争の円満な解決を図る制度です。

なお、両当事者が希望した場合は、両者がとるべき具体的なあっせん案が提

示されます。

「助言・指導」や「紛争調整委員会のあっせん」はいずれも無料です。

あなたには、これらの制度を求めたり・申請するという選択肢があります。

なお、個別労働関係紛争解決促進法では、「会社は、労働者が都道府県労働局長の助言・指導を求めたり、あっせんの申請をしたことを理由として、解雇等不利益な取扱いをしてはならない」としています。

あなたがこれらの制度を求めたり、申請したことを理由に、会社があなたを解雇などすれば、その行為もまた法律違反となるのです。

男女雇用機会均等法、育児・介護休業法、パートタイム労働法の違反があった場合

Q うちの会社では、男女雇用機会均等法に違反する行為が行われています。社員より再三の指摘があるにもかかわらず、解消されません。どのようにしたらいいでしょうか？

A 会社が、男女雇用機会均等法・育児介護休業法・パートタイム労働法（短時間労働者法）に違反している場合には、都道府県労働局の雇用均等室への相談が可能です。

この相談をしますと、雇用均等室が、その相談に関する問題を中心に会社から話を聴きます。男女雇用機会均等法・育児介護休業法・パートタイム労働法に違反することが確認された場合は、是正するよう行政指導が行われます。

男女雇用機会均等法違反については、指導しているにもかかわらず是正されない場合、違反企業として企業名が公表されることがあります。

また、以下の①から⑥など、男女雇用機会均等法やパートタイム労働法に関し、労働者と会社との間で紛争になってしまっている場合は、都道府県労働局雇用均等室へ「援助制度」を求めたり、「調停制度」の申請を行うことができます。

① 性別による差別的取扱いによる紛争
② 婚姻、妊娠、出産などを理由とする不利益取扱いによる紛争
③ セクシュアルハラスメントによる紛争
④ 母性健康管理措置による紛争
⑤ パートタイマーから正社員への転換推進措置による紛争
⑥ パートタイマーの差別待遇による紛争

「援助制度」とは、都道府県労働局が、労働者と会社との間の私法上の紛争を公正・中立な立場から、当事者双方の意見を十分に聴取し、双方の意見を尊重しつつ、問題解決に必要な具体策の提示（助言・指導・勧告）をすることによ

り紛争の解決を図る制度です。

　雇用均等室へ「援助」の申立をしますと、まず、雇用均等室が申立をした労働者と会社に対する事情聴取を行います。場合によっては職場の同僚などの第三者に対する事情聴取も行われます（第三者への事情聴取は、紛争の内容などの把握に必要な場合であって、申立をした労働者と会社の了承を得た場合に実施されます）。

　これら事情聴取をした上で、問題の解決に必要な援助（助言・指導・勧告）が実施されます。

　「調停」とは、調停委員（労働法の専門家）が、当事者である労働者と事業主双方から事情を伺い、紛争解決の方法として調停案を作成し、当事者双方に調停案の受諾を勧告することにより紛争の解決を図る制度です。

　「援助制度」や「調停制度」のいずれも無料です。

　あなたには、これらの制度を求めたり、申請するという選択肢があるのです。

　なお、男女雇用機会均等法・パートタイム労働法では、「労働者が都道府県労働局長の援助を求めたこと、調停の申請をしたことを理由として、解雇等不利益な取扱いをしてはならない」としています。

　あなたがこれらの制度を求めたり、申請したことを理由に、会社があなたを解雇などすれば、その行為もまた法律違反となるのです。

高年齢者雇用安定法の違反があった場合

Q うちの会社は、定年後の継続雇用制度を実施せず、高年齢者雇用安定法に違反しています。社員より再三の指摘があるにもかかわらず、解消されません。どうしたらいいでしょうか？

A 会社が、適切な継続雇用制度などを実施せず高年齢者雇用安定法に違反している場合には、公共職業安定所へそれを通報すると、実態調査が実施され、必要に応じて助言、指導、勧告が行われます。

ちょっと一言

公的保険に関する違反

会社が、雇用保険の被保険者に関する手続きをとらず雇用保険法に違反している場合は公共職業安定所へ、健康保険・厚生年金の被保険者に関する手続きをとらず、健康保険法・厚生年金保険法に違反している場合には、社会保険事務所へ相談してみてください。

労働審判制度

Q 私の解雇の無効をめぐって、紛争調整委員会の「あっせん制度」を利用したのですが、結局解決できませんでした。どうしたらいいでしょうか？

A 個々の労働者と会社の労働関係から生じる紛争を迅速に解決するための制度として、労働審判制度というのがあります。

　これは、解雇の無効を争う紛争や賃金・賞与・退職金の不払いに関する紛争などの個別労働関係紛争を対象に、労働審判委員会(裁判官と労働法の専門家である労働審判員で構成されます)が、地方裁判所において、3回以内の期日で審理を行い、当事者の合意による解決を試みつつ、合意が成立しない場合には解決案を定めた労働審判を下す制度です。

　労働審判制度は行政庁の制度と異なり無料ではありません。手数料が掛かります。

　基本的に通常の民事裁判の半額です。目安を言えば、「未払いの給料100万円を払ってほしい」と申し立てるときの手数料は5,000円ですし、「未払いの給料200万円を払ってほしい」と申し立てるときの手数料は9,000円になっています。

　会社に要求する金額が増えるのに応じて手数料も増えます。

　労働審判は、弁護士をつけなくても本人で申し立てることができますが、ただ、弁護士を代理人につける必要性が高い制度だと言われています。

　弁護士を立てる場合には、弁護士費用が別途必要になります。

　労働審判が下された場合に、その内容に納得ができなければ、当事者は2週間以内に異議を申し立てることができます。これを行うとその審判は効力を失い、事件は自動的に通常訴訟に移行します。

個人加入できる労働組合

Q 私は、先日、1か月の予告期間を設けた上で退職願を提出しました。退職願は受理されたのですが、経営不振を理由に退職金が大幅に減額されました。全額払って欲しいと思っています。どうしたらいいでしょうか？

A 全額払いの原則違反で、労働基準監督署へ相談・申告するということも可能ですが、あなたの会社に労働組合があれば、その労働組合に申し出て、退職金が満額支払われるように支援、協力をしてもらうという選択肢もあります。

ただ、個人の問題を取り上げない労働組合もありますし、そもそも会社に労働組合がない場合もあります。そのような場合には、「○○ユニオン」・「○○合同労組」などの個人での加入を認めている企業外の労働組合に加入して、援助・協力をしてもらうという選択肢もあります。

このような個人加入組合も、労働組合法でいう労働組合に該当します。したがって、組合員の労働問題について、この労働組合が、組合員の所属する会社へ団体交渉を申し込んだ場合、その会社は、それを拒否することができないのです。

そして、個人加入組合の中には、かなり粘り強く交渉してくれる労働組合もあり、労働者への不当な扱いを是正させたり、いい条件を勝ち取ることもあるのです。

ですから、あなたの会社に労働組合がないのであれば、個人加入できる労働組合をホームページなどで探し、相談してみてはいかがでしょうか。

なお、労働組合法では、「会社は、労働者が労働組合の組合員であること、労働組合に加入しようとしたこと、労働組合を結成しようとしたこと、労働組合の正当な行為をしたことなどを理由に、解雇等不利益な取扱いをしてはならない」としています。

あとがき

　裕福な生活ができるくらい十分な給料・賞与をもらい、日々の労働時間は短く残業などもなく、休日・休暇が十分あって私生活を充実させることができ、危険で不衛生な作業もなく、職場での人間関係も良好で精神的負荷も少ない、転勤や懲戒処分といったこともなく、定年まで働き続けて退職金を十分にもらった上で継続雇用され、老後を迎える。

　誰もがこのような職業人生を送ることが出来れば、皆の心にゆとりができ、健全で明るい社会になるのではないかと思います。

　しかし、長い職業生活を送っていく上で平穏無事に過ごすことは難しく、納得いかない扱いを受けたり、ひどい職場環境になってしまったりすることなどが多々あると思います。

　その時にどこまで受け入れなければならないのか、判断基準は持っておいた方がいいですし、その一つが労働法だと考えています。

　そこで、労働者側の立場から見た労働法で最低限知っておいた方がよいところを、一般の方が読んでも分かるようにお伝えするというのを本書のコンセプトとしました。

　ですから、労働基準法だけでなく、労働契約法、労働安全衛生法、最低賃金法、賃金支払確保法、パートタイム労働法、男女雇用機会均等法、育児・介護休業法、高年齢者雇用安定法、労災保険法、雇用保険法、健康保険法、厚生年金保険法など幅広く載せてあります。

　出来れば、企業で人事・労務を担当されている方にも読んで頂き労働法に反しているところがあれば、徐々に改善していってもらいたいとも思っています。

　労働者側が労働法の知識を得ることで、一時的に労使の紛争が増えてしまうかもしれません。

　ただ、労使紛争が増えれば、会社は積極的に労働法を遵守する方向へ動き、将来的に雇用環境が良くなっていくと信じています。

著者略歴

梅本達司

1968年生まれ、桜美林大学卒業。
特定社会保険労務士。
ティースリー社会保険労務士事務所　所長。
大原法律専門学校にて非常勤講師も務め、
横浜企業経営支援財団のエキスパート専門員、
せたがやeカレッジ「面白いほどわかる社会保険」の講師としても活躍。
主な著書に『国民の常識 これなら分かる公的保険』がある。

本文デザイン＆イラスト　佐藤友美

Q&A それ、労働法違反です！

2008年11月10日　初版印刷
2008年11月25日　初版発行

著　者	梅本達司	印刷所	東京リスマチック株式会社
企画協力	NPO法人 企画のたまご屋さん 飯田みか	製本所	東京リスマチック株式会社
発行者	松林孝至		
発行所	株式会社 東京堂出版		
	〒101-0051		
	東京都千代田区神田神保町1-17		
	電話　03-3233-3741	ISBN978-4-490-20652-4 C0036
	振替　00130-7-270	©Tatsuji Umemoto Printed in Japan 2008